求人募集をしても応募がない・採用できない会社に欲しい人材が集まる方法

他社より条件が悪くても、広告費が0円でも、採用できる

関根コウ
Sekine Kou

現代書林

はじめに

「会社にいい人材が集まらない」

「求人広告を出しても応募がない」

このように悩んでいる方は多いのではないでしょうか。


少子高齢化の波が本格化し、全国各地で人材不足が深刻化しています。

どの業界を見ても軒並み人材不足に陥っており、人材の確保が熾烈になっています。

さらにいえば、採用費用の増額をする企業と、まったく捻出できずにいる企業との二極化が起こっています。

毎年60万〜80万人程度人口が減っている日本社会ですから、事業を継続させるためには「採用にかける費用を高くしてでも雇用しないといけない」と考えるのは当然のようにも思えます。

冒頭でも紹介しましたが、こうした声をよく聞きます。

「求人募集をしても全然応募がない」

「大手のように多額に、求人の広告費をかけられない」

「他社と比べると給与も待遇も見劣りしちゃうから、仕方がないか……」

今、御社の求人に1名も応募がない状態であっても、それは御社に魅力がないのではなく、魅力をうまく伝えられていないだけかもしれません。

たった1行、求人原稿を見直しただけで、1年間1件の応募もなかった小さな町の工場に、入社希望の若者が集まってくる瞬間を何度も生んできました。

「今月も応募がなかった……」

「応募はあるけど……いつも途中で辞退されてしまう」

そんな経験をしてきた企業の採用担当者の皆さんに、明日から実践できる、応募を集めるための、採用を生むための手法をお伝えしたいです。

自己紹介が遅れました。一般社団法人求人広告ライター協会の関根コウと申します。求人業界で20年あまり、求人原稿の制作と採用コンサルティングに携わってきました。

最近では主に、人口減少の進む地域で、地方企業の採用改善をサポートすることが増えています。

人口30万人以下の地方都市。大都市と違い、より一層、採用活動が厳しい地域で、前年比3～20倍の応募者増と採用数アップを実現しています。

2023年は全国30か所の地方都市で、4077人の応募者を獲得し、598人の採用に携わらせていただきました。その多くの都市は、人口5万～30万人ほどのローカル地域です。

「1年間、求人誌に広告を載せたけれど、1人も採用できなかった繁華街の居酒屋が、**たった3か月で14人の応募が集まり2人採用**」

「某大手メディアに年間120万円もの広告費を投資しても、1年間、採用者がゼロだった水道設備会社が、**広告費用3万円で5名の社員を採用**できた」

「配送ドライバーを募集するためにさまざまな求人メディアに毎月10万～20万円の広告費

を支払う。でも、応募はほとんどなく、採用はゼロ続き……。それが**わずか5万円の広告費で、応募者が38人も集まった**」

「求人誌に広告を出したが、反応がゼロの税理士事務所。**たった1行キャッチコピーを変えただけで、1か月で25人の応募者！**」

こうした喜びの声をいただいています。

人口減少が続く日本で、応募者を集めるだけでも苦労する時代。大手企業や有名企業を除けば、それはどこの会社でも同じです。

そこで今回、採用の考え方から実践的なテクニックまで、1章ずつ読みながら実践できるように執筆させていただきました。

本書の通り実践するだけで、採用アップは間違いありません。

「ずっと応募がなかったのに、求人の内容とやり方を変えたらすぐに応募がありました」

と数々の採用成功の声が届いています。

さらに本書は、「求人を書き直したら、掲載初日の午前中にすごくいい人が来たんだよ、ありがとう！」というお声をいただけるほどの「即効性」も持ち合わせています。

こうした方々はみな、「採用のプロではない人事担当者」の皆さんです。そんな方々であっても、採用ノウハウを身につけ実践することで、応募者を増やし、新しい仲間を迎えることは十分可能なのです。

「採用担当者の皆さんにこそ、採用成功の喜びを得てもらいたい」

そう考え、私が普段実践している採用ノウハウを惜しみなく記しました。

正しい採用手法を学び、丁寧に実践すれば、皆さん自身の手で採用は成功します。

本書を読み終えたとき、御社に新しい仲間との出会いや、採用への手応えが生まれることを願っています。

関根コウ

2024年2月

目次

PART 1

求人準備

条件・待遇が他社より悪くても、応募者が集まる秘密

PART 2

求人原稿

今すぐに使える！ 8つの「応募者倍増テクニック」

PART 3

募集

御社が欲しい人材とは、こうすれば出会える

PART 4

面接・内定・入社

面接のドタキャン、早期退職は防げる

PART

1

求人準備

条件・待遇が他社より悪くても、
応募者が集まる秘密

御社の求人原稿は、「ある重要な情報」が不足している

応募が集まらない求人原稿には、ある共通点があります。

それは「**給与や待遇といった仕事の条件だけを提示していて、ある重要な情報が不足している**」ということです。

「応募者が見るのは給与と待遇ではないのか？　ほかに必要なものがあるのか？」

そうお考えかもしれません。

もし、これが有名企業であれば、多少の説明不足があったとしても「社名」を出すだけで、人は集まるかもしれません。

しかし、**中小企業の場合は、条件だけを提示しても、応募者の興味や関心は引くことができません。**

「ということは、他社と差別化をはかるために、待遇を改善したり、給与を上げたりしないといけないと……」と思った採用担当者の皆さん。

まったくそんなことはありません。

たとえ給与を上げられなくても、これから述べる「4つの軸」で自社のことを正直に語るだけで、応募者は集まります。

自社の魅力を求職者に正しく伝えることで、応募者は集まり、採用につなげていくことができるのです。

本書では、他社より条件が悪くても、広告費が0円でも、中小企業に応募者が殺到する採用術をわかりやすく解説していきます。

昨日までの「求人広告を出しても、誰一人応募すらしてこない」という現状から脱却できるのです。

他社より給与が低いのに、毎月応募が来る理由

あなたが旅行を計画しているとしましょう。
どういったポイントで旅先を選びますか？

「どんな観光地がある？」「地元グルメのおすすめはなに？」、あるいは「アクティビティはあるのか、ないのか？」などを調べたうえで、旅先を決定するはずです。さらには、予算やアクセスのよさ、魅力的な宿泊施設があるかどうかなど、さまざまな事柄によって行き先を検討するでしょう。

おそらく、1人で行く場合と家族や友人と一緒に行く場合でも、計画は変わってきますよね。メンバーの意向も汲みつつ、決定するはずです。

実は、応募者の行動もこれとよく似ています。

たった1つの条件だけで、転職先を選ぶ人はほとんどいません。つまり、**勤務条件がいくらよくても、応募するとは限らない**のです。

つまり、**応募には複数の要素が絡み合っている**のです。

そこから、こんなことがいえます。他社より少し条件が悪いからといって、「あなたの会社にまったく応募が集まらない」とは考えにくいということです。

実際、私が指導している顧客先には、**待遇や給与などの条件が同業他社より悪いにもかかわらず、エリア・ナンバーワンの応募数を獲得している企業がいくつもあります。**

なぜ、このような状況がつくり出せるのか？

それは、応募者により多くの情報を与え、選択肢を増やしているからです。

といっても、やみくもに情報を出せばいいというわけではありません。

自社の情報を出すうえで、欠かすことができないのが、次の「4つの軸」です。

この4つの軸については後ほど詳しく触れますが、いずれにしても「人が働く動機づけ」は大きく分けて、次のページの4つに分類されます。

求人広告に盛り込む「4つの軸」

❶
企業軸

どんな会社なのか。

これまでの足跡や実績、企業文化や歴史、会社のビジョン

❷
仕事軸

どんな仕事なのか。

仕事の社会的意義、誇りや想い

❸
職場軸

どんな職場なのか。

リアルな職場環境、社員の本音や等身大の姿

❹
条件軸

どんな給与体系、待遇なのか。

就業時間、休日等の明示

採用の理由とゴールを共有するための「採用【目的】チェックシート」

4つの軸を考える前に、社長をはじめ採用のご担当者にぜひやってほしい事前準備があります。それは、「今回の採用の目的を明確にし、会社内で共有すること」です。

採用を行う理由は、だいたいは増員募集か、欠員補充の2つしかありません。

今回の採用がどちらに当たるのか。

そして、「今回の人材をどのようなポジションに置くのか？」「配属先はどこになるのか？」「任せたい仕事内容は？」など、具体的にしていきます。

ポイントは、次の2つです。

①「入社してくる方にどんな働きをして欲しいのか？」をイメージすること

②「なぜその人材が必要なのか？」を明確にすること

例えば、採用の現場でよく聞かれるのは「今回は20代の若手が欲しい」という社長の言葉です。

「なぜ20代の人員が必要なのか?」「どのような経営的目的があるのか?」を、**社長の腹の内だけに留めておくのではなく、採用に携わるチームメンバーで共有することが重要**です。

「いい人が来たら、そのときポジションを決めようと思って」と話す社長も非常に多いです。しかし、ポジションや社内で働くイメージが湧かないと、「具体的な内容がわからない仕事」と応募者は受け取ってしまいます。

そんな状態で「とりあえず入社しませんか?」といわれても、困惑するばかりです。

「総合職」という採用方法もありますが、それができるのは育成環境のしっかり整った一部の大手企業だけです。

多くの中小企業にとって、「具体的な仕事内容やポジションは、入社後においおい決める」という、なにが入っているかわからない福袋的な発想では、残念ながら応募の見込みはありません。

当たり前のことですが採用を出す以上、必ず事業があり、それを支えるスタッフの方々がいます。**「うちの会社はこういう意図があって、仲間を探しています」ということを明確にすることが大切**です。

次のページにある「採用【目的】チェックシート」を見ながら、まずは各項目を埋めてみましょう。

もし、この項目の中でわからないところがある場合、採用担当者は社長や現場の担当者にヒアリングしてください。そして、できあがったシートを共有するようにしましょう。

こういった準備をしておくことで、**現場の想いと経営側の想いのズレを防ぐことができます。**さらには「応募〜面接〜内定〜入社後」といった一連の流れの中で、応募者とのミスマッチを減らすこともできます。

皆さんは、社内的な前準備をまったくしないまま、採用活動をふんわり始めてはいませんか？　採用の精度を上げるためにも、このチェックシートを活用してください。

採用【目的】チェックシート

お手数をお掛けしますが≪**採用成功**≫のため、ご協力をお願いします。

採用予定人数	名	募集職種名	
採用するポジションは？	役職／役割など		
そのポストに人材が必要な理由			
今回の採用にあたって、いつくらいから募集することがわかっていたか			
配属先			
雇用形態			
任せたい仕事内容			
配属部署の環境(チームの人数／男女比／年齢層)			
教育(受け入れ)担当者			
採用者を迎える準備	①している　or　②していない		
① 準備していること			
② していない理由			
採用の目的とは			

これだけで採用の成功率が4倍上がる「4つの軸」

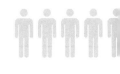

他社より給与が低いのに、毎月応募者が集まる秘訣である「4つの軸」についてお伝えしていきましょう。

あらためてその4つの軸をご紹介しましょう。

①企業軸：どんな会社なのか。これまでの足跡や実績、企業文化や歴史、会社のビジョン
②仕事軸：どんな仕事なのか。仕事の社会的意義、誇りや想い
③職場軸：どんな職場なのか。リアルな職場環境、社員の本音や等身大の姿
④条件軸：どんな給与体系、待遇なのか。就業時間、休日等の明示

企業軸を載せることによって、「自社がなにをなし得てきたのか」「さらにはこれからなにをしようとしているのか」という未来が見えます。

仕事軸を載せることによって、「仕事への憧れ」「働くうえの目標」が見えてきます。

職場軸は、「働く人のリアルな姿や本音」を伝えます。

そして条件軸は、「金銭や待遇」といった確実に手に入るものが見えます。

この4つの軸は、「人が働く」動機づけであり、求人原稿に漏らさず書くのが理想です。

反響のない求人原稿の多くが、「条件軸」に偏った原稿になっています。

さらに条件面だけで求人原稿を構成し採用してしまうと、「条件面」を理由に離職してしまう割合も高くなります。条件が変われば、その会社にいる理由がなくなってしまうからです。

人が働く動機づけは実にさまざまなもの。より多くの動機を重ねることで、安定した採用を生み出すことができるのです。

「4つの軸」は全部を魅力的に書けなくてもいい

とはいえ、4つの軸を書くのはなかなか大変です。「4つの軸で書ける魅力なんてない！」と思う方もいるでしょう。

でもご安心ください。**4つの軸すべてが魅力的である企業は存在しません。**そもそも完璧な企業なんて、ちょっと気持ち悪いですよね。

求職者にとっては、魅力もデメリットも、どちらも知りたいと思うのが心情です。

デメリットを隠すのではなく、むしろ情報をオープンにしたうえで応募者に「選んでいただく」というスタンスが大事なのです。

実際、私がコンサルに入ったとある会社も、以前は条件軸しか書かない企業の1つでした。

そこで私は担当者のSさんに「最初からきちんとした文章にしなくても十分です。まずは思いつくまま箇条書きに、4つの軸に沿って会社の情報を書き出してみてください。もちろん、自分の書ける分だけで大丈夫です」とアドバイスしました。

Sさんは社内情報の文章化に取り組みました。自分でわからないことは現場に出向き、積極的に情報を集めていきました。

すると、これまで求人原稿には、会社パンフレットにしか載せていないような、表面的な情報ばかり掲載していたことが徐々に見えてきました。

求職者が本当に知りたかったのは、「現場のリアル」です。

Sさんが現場でさまざまな話を聞く中で、採用で求められる人材の傾向と求人原稿の内容にズレがあることが明らかになりました。

以前は、この会社の応募者は1年間で4〜5人ほどでしたが、4つの軸で募集を行うと、**毎月10〜20人前後、年間100名以上の応募者の獲得に成功**しました。

事例

1年間、応募者がゼロだった水道設備会社が「4つの軸」で求人したら……

地方都市で会社を構える、とある水道設備会社の事例です。古くなった水道管を入れ替える「配管スタッフ」を募集していました。

ハローワークや地元の求人メディアを中心に月10万円程度の広告費用を使っていました。また、人材紹介会社から成功報酬として年収の20～30%の手数料で人材を紹介するという提案も受けたりするも、採用には至らず、うち**1年間は応募者すらゼロの状態**でした。

人々のインフラを支えるという、社会的意義の高い仕事でありながら、泥まみれになる肉体労働ということで、たしかに二の足を踏んでしまう求人内容だったのかもしれません。

八方塞がりのときに、私に相談があったのです。**高校で行われた就職説明会に出向いても、高卒新卒者からの応募が1人もいない**というあらためて求人内容を見てみると、給与や待遇といった条件面だけを提示しており、会社の魅力をまったく訴求できていませんでした。

そこで、条件面だけではなく**「会社軸：会社の将来性」「仕事軸：仕事の醍醐味」「職場軸：職場環境の制度や魅力」で会社の魅力を具体的に掘り下げる**ため、詳しくお話を聞きました。

すると、「地元で安心して長く働ける」ことや「結婚している方が多く、家庭と仕事の両立が可能」、さらには「官公庁からの仕事のため、残業はなく17時で仕事が終わる」など具体的な魅力が出てきたのです。

また、配管スタッフは一人前になるために10年のキャリアと多くの資格が必要になりますが、資格などを取得することで収入が安定することがわかりました。

こうした会社の魅力に加え、「家族が応援してくれる」「家族がこの仕事でよかったねといってくれる」という社員のリアルな声を求人原稿に加えました。

若者の都会への流出が止まらない地方都市ではありましたが、一方で地元志向の若者も一定数います。そういった方たちにアピールできる求人内容にしたのです。

会社の魅力や社員の声を求人原稿だけではなく、会社のパンフレットにも記載。社長には、それを持って面談にのぞんでもらうことにしました。

これまでは、

「この仕事は大変なことも多いので、根性がないと務まらない。だから面接の際は、根性ややる気を重視する」

といっていた社長でした。

「その根性ややる気を持ち続けるために、会社としてどんな魅力やサポートをアピールしているか」については、うまくできていない状況だったのです。単に厳しい印象だけを求職者に与えてしまっていたのです。

しかし、面接で会社のパンフレットを応募者に見せながら、社長自らの言葉で説明する

ことで、厳しいだけではなく、やりがいや安定性がある仕事だと、応募者に認識してもらうことができました。

月1・5万〜3万円の広告費をかけた結果、中途2人と新卒3人の合わせて年間5名を採用できたのです。

その後も、毎年高校から求職志望者の見学が続々と集まるなど、採用には困らない状況になりました。

4つの軸で求人原稿がすらすら書ける「社内インタビュー33の質問」

「4つの軸」で会社の魅力を掘り下げ、求人原稿を書くといっても、戸惑ってしまう方もいるかもしれません。

キーワードは「現場のリアル」です。社内の情報集めから始めてみましょう。

そこでぜひ、活用していただきたいのが、私が考案した**「社内インタビュー33の質問」**です。次のページをご覧ください。

1～5が「企業軸」、6～16が「職場軸」、17～32が「仕事軸」に関連した質問になっています。

採用を予定している部署のメンバーや、求人している人とポジションが近い方に、こうした質問をしてみてください。

もし、求人原稿の作成にあたって十分な協力が得られなかったとしても大丈夫です。採

社内インタビュー33の質問

1	友人や家族に話したくなるような「社風」や「文化」はありますか。
2	社長の口癖はなんですか。(大切にしている考えや信念がありますか)
3	会社の夢や目標はなんですか。(来年、3年後、将来的構想)
4	よく話題になる会社の歴史やターニングポイントはありますか。
5	もし社会科見学で子どもたちが来社したら、どんな会社の「魅力」を伝えますか。
6	これは助かるなぁと思う、会社の制度や待遇はありますか。
7	どんな雰囲気の職場ですか。(広さ・置いてある物・音・インテリア…etc)
8	最近、話題になった社内だけの面白いエピソードをこっそり教えてください。
9	社内でムードメーカー(人気がある人)は何をされている、どんな方ですか。
10	入社前と入社後で感じたギャップはありますか。
11	先輩や同僚に言われて「うれしかったひと言」を教えてください。
12	どんな後輩が来たらうれしいですか。
13	社内で一番、趣味に熱い人ってご存知ですか。
14	転職(応募)のキッカケや今の会社に興味を持った理由はなんですか。
15	最近困ったこと、不穏なことをこっそり教えてください。
16	休憩時間や休日の過ごし方で、面白いエピソードはありますか。

17 仕事のスケジュールを教えてください。(1日単位・1週間単位・プロジェクト単位)

18 この仕事で「社会の役に立っている」と実感した瞬間はありましたか。

19 入社してからご自身が成長した(変化した)と感じたことはありますか。

20 これは業界外の人は知らないと思う、独特の文化や業界用語を教えてください。

21 今だから言える、苦労話や失敗談ってありますか。

22 入社して最初に「凄い」と思った会社の話や先輩を聞かせてください。

23 前職の退職理由をお聞かせください。また今の会社に入ってそれは解消しましたか。

24 家族や友人、恋人に自慢するとしたら、「仕事」のどんな部分を語りますか。

25 若い世代の方(次の世代)はどんな活躍や奮闘をしていますか。

26 輝いている上司や面白い上司の武勇伝を教えてください。

27 カミナリが落ちた！と思うほど怒られたことってありますか。(自分以外でも)

28 仕事で失敗した後、どう立ち直りましたか。

29 ちょっと変わった(面白い)前職の方っていますか。

30 仕事について「これだけは！」と思う信念や大切にしていることはありますか。

31 印象に残っている顧客とのやりとりや仕事はありますか。

32 今後の夢や目標はありますか。熱く語ってください。

さて、あなたなら次にどんな質問をしますか。

33 少しでも気になったことを質問してみましょう。

用担当者である、あなた自身でも答えられる質問事項もあります。できる範囲から少しずつで構いません。

この質問集は、私の講演会でもワークショップ形式で使用しています。

参加していただいた採用担当者同士で、3～5分ほどの短い時間で、お互いに質問をしてもらいます。

企業様それぞれに、1つとして同じ話はなく、発表する参加者も「え？　うちの会社からすると普通の話なんだけど……なぜかウケてる！」と**意外な発見がある**のです。

ある講演会でワークショップを行ったときのことです。

こんなエピソードが出てきました。

「うちの社長って、いつも野菜をくれるんですよ」

話を聞くと、すごく面倒見のよい社長のようで、スタッフたちにちょくちょく野菜や果物などを差し入れているのです。

「へぇ～、それは素晴らしい社長さんですね」

「そうなんです。ホームページの写真からはちょっと伝わりづらいんですけどね」

採用ホームページに載っている、表情硬めの、どちらかといえば強面の社長とのギャップに、会場がドッと沸いたのでした。

大変失礼ながら、この写真からは、野菜を差し入れてくれる姿はなかなか想像しづらい。まぁ、そんなお話だったのですが、私が「社内インタビュー33の質問」を使っていただきたいのは、まさにここにあります。

普段と少し視点を変えることによって、全然違う職場の景色や人物の魅力が見つかります。それを求職者に届けてほしいのです。


このような社内からしか見つけられない情報は非常に貴重です。インターネットやSNSで検索しても、「社長が野菜や果物をくれる」なんて情報はまず出てこないでしょう。

これらはそれぞれの会社ならではのオリジナルの情報であり、会社パンフレットにも書かれていません。これこそが、採用に効果的な会社の情報になるのです。

繰り返しになりますが、社内に眠る情報は採用担当者1人で集めなくても構いません。1人でも多くのスタッフを巻き込み、みんなで会社の魅力を探していきましょう。

求人原稿は、「話を聞いてみたい」というきっかけで十分

4つの軸を意識し、求人原稿を改善させるだけで、掲載後の反応が結構変わります。ですが、このときには注意が必要です。

単純に応募数が増えたとしても、それは「御社に興味を抱いてくれた求職者」が増えたのであって、「『今すぐ働きたい！』という求職者」が増えたわけではないからです。採用はむしろ、ここからが本番です。

ここで1つたとえ話をしたいと思います。
皆さんは、マイホームの購入を検討しているとき、どんな行動をとりますか？
まずはポストに投函されたチラシを眺めたり、インターネットでサイトを検索したりすることでしょう。

唯一いえるのは、いきなり「ここで買うぞ！」とはならないということ。おそらく、そのあとに住宅展示場に足を運び、そこで「営業担当者から詳しく説明を聞いてみよう」と思うはずです。

実際に営業担当者から詳しく説明を受けて、ようやく本格的に購入を検討し始めるのではないでしょうか。

転職活動も、これと同じ現象が起こっています。

求人原稿を眺めただけで、「今日から働かせてください！」という心理状態にはなりません。もしそう考える人がいたら、転職を軽いものと思っている場合が多く、逆にすぐに離職する確率が高いです。

つまり、求人原稿を見た段階では「この会社に行って話を聞いてみたい」という程度のきっかけをつくれれば十分なのです。

もちろん、そのきっかけが1つより2つ、2つより3つあったほうが応募者に刺さる可能性は高くなります。

多くの応募者は1つの理由だけで、最終的に「この会社にしよう」とは思いません。「本当にこの会社に入って大丈夫だろうか」という不安を持つものです。

その不安を面接の際に払拭し、「やっぱりこの会社に応募してよかった」という気持ちにさせればよいのです。

もし今、御社に「応募がない」という状態であれば、「ぜひ働きたい」と思わせる原稿はおろか、「話を聞いてみたい」と思わせる原稿ですらないといえます。

4つの軸に沿った内容になっているか、ぜひチェックしてください。

面接者が4倍になる「五感を使った情報収集シート」

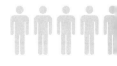

「4つの軸に沿って書くことができた」のなら、もう一段ステップアップして、今度は別の視点から求人原稿に入れるべき内容を考えてみましょう。

それが、「五感」で感じたことを入れ込んでいく方法です。次のページを見てください。

このシートでは**視覚・聴覚・触覚・味覚・嗅覚の五感を使って職場を表現**してみます。

人間は2つ以上の感覚を刺激されると、興味や関心を持ち、記憶に残りやすいという特性を持っています。視覚と聴覚を一度に刺激する映画や動画を繰り返し見てしまうのも、この現象の1つといえます。

五感で集めた情報を求人原稿に盛り込むことで、より求職者の興味や関心を引くことができます。

五感を使った情報収集シート

職場　五感情報シート「職場」編

「職場」の魅力を五感から紐解いてみましょう。気づいたことを箇条書きで自由に書き込んでください。

例

視覚	フロアに何人働いている？隣の席の人は誰？観葉植物はある？狭い？それともゆったり？壁に貼ってあるものは？自販機ある？
聴覚	どんなBGMが流れてる？にぎやか？静か？会話(コミュニケーション)が多い？少ない？電話は多い？少ない？
触覚	職場の鍵は電子キー？パソコンは一人一台支給？よく触る文房具は？紙派？パソコン派？エアコンは寒い？それとも暑い？
味覚	ランチはどうしてる？お弁当？それとも外食？仕事帰りは飲みに行く？いきつけのお店は？会社の周辺に美味しいお店ってある？
嗅覚	どんな匂いがする？空気の流れは？ランチはお弁当？社内にコーヒーメーカーはある？アロマたいてる？汗臭い？

企業　五感情報シート「企業」編

「企業」の魅力を五感から紐解いてみましょう。気づいたことを箇条書きで自由に書き込んでください。

視覚	
聴覚	
触覚	
味覚	
嗅覚	

職場　五感情報シート「職場」編

「職場」の魅力を五感から紐解いてみましょう。気づいたことを箇条書きで自由に書き込んでください。

視覚	
聴覚	
触覚	
味覚	
嗅覚	

仕事　五感情報シート「仕事」編

「仕事」の魅力を五感から紐解いてみましょう。気づいたことを箇条書きで自由に書き込んでください。

視覚	
聴覚	
触覚	
味覚	
嗅覚	

さて、この「五感を使った情報収集シート」を記入する際に心がけていただきたいことがあります。

それは、**部署や年齢、役職が違う人同士で行う**ことです。

なぜなら、創業以来30年勤める中年男性の部長と、去年入社したばかりの若手の女性社員では、同じフロアで働いていても見えている景色が違うからです。

たまに水をあげている女性社員は、部長の机の後ろに咲いている植木の名前を知っていても、部長は「植木なんかあったか?」なんてこともあります。

同じ会社の社員でも、見ている「景色」はまったく違うもの。繰り返しになりますが、ぜひ、できる限り立場の違う人たちで五感ワークをやってみてください。

五感をもとに書いていくと不思議とリアルな光景が浮かび上がってきます。

応募者が知りたいのは、ホームページやパンフレットに載っている情報ではなく、現場のリアルなのです。

「五感」で求人原稿を書いてみよう

それでは居酒屋の求人原稿を例に挙げ、「五感」を意識してつくるとどうなるか、見ていきましょう。

「五感」で書かれていない求人原稿

お客様のご案内や料理のオーダー、配膳や片付けなどのホール業務全般をお任せします。

まずは元気に「いらっしゃいませ〜」といえれば、すぐにでも活躍できるお仕事です。

地域密着のアットホームな居酒屋です。

雰囲気もGOOD！　楽しく働きたい方におすすめ。

今回は長く一緒に働いてくれる方を歓迎します！

まかないもありますので、夕飯代も浮いてラッキーですね。

求人広告でよく見かける文章に思えませんか？　なにか問題があるようには感じないという方もいらっしゃるでしょう。

この文章がまったく応募効果を生まないわけではありませんが、1ついえるのは、この文章は「ほかの居酒屋でもそっくりそのまま使えてしまえる」ということです。

求人広告は、居酒屋の募集広告だけでも毎日たくさん掲載されています。**ほかのお店と似たような、もっといえば、どこのお店でも使える求人原稿では、求職者の心はつかめません。**

どのお店も同じような求人内容ならば、時給が高いほうがよいと思うかもしれません。

そこで五感を意識して、書いてみましょう。

「五感」を意識した文章

白い大きな暖簾をくぐってお店に入ると、入り口でカウンター越しに大将が「いらっしゃい」と笑顔で出迎えてくれます。カウンター8席、テーブル4席のこじんまりとした店内には、大将直筆の手書きメニューが壁一面に貼られています。

お客様は常連さんが多く、1週間もすれば「○○ちゃん、がんばってるねぇ」と気さくに声をかけてくれるほど、アットホームなお店です。

少人数で来店されるお客様が多いので、一度に大量のお料理を運ぶこともありません。大将自慢の料理を1品ずつ丁寧に配膳してくださいね。

日本料理歴30年の大将の自慢料理は、毎日まかないで堪能できますよ。

全席禁煙ですので、タバコの臭いもなく、快適にお仕事ができます。

この文章を五感で分けてみますと次のようになります。

【視覚】

白い大きな暖簾をくぐってお店に入ると、入り口でカウンター越しに大将が「いらっしゃい」と笑顔で出迎えてくれます。カウンター8席、テーブル4席のこじんまりとした店内には、大将直筆の手書きメニューが壁一面に貼られています。

【聴覚】

お客様は常連さんが多く、1週間もすれば「○○ちゃん、がんばってるねぇ」と気さくに声をかけてくれるほど、アットホームなお店です。

【触覚】

少人数で来店されるお客様が多いので、一度に大量のお料理を運ぶこともありません。大将自慢の料理を1品ずつ丁寧に配膳してくださいね。

【味覚】

日本料理歴30年の大将の自慢料理は、毎日まかないで堪能できますよ。

【嗅覚】

全席禁煙ですので、タバコの臭いもなく、快適にお仕事ができます。

五感を使うことで、お店の雰囲気や情景がグッとリアルに脳裏に浮かぶと思います。

五感で書かれていない、44ページの求人原稿では、「雰囲気もGOOD！」といわれても、どんな雰囲気のお店なのか、情景が浮かびません。

これでは、ほかの居酒屋との魅力の違いがまったくわからないのです。

まさに情報が不足している状態といえます。

次のページは、まかないに特化して、情景が浮かぶように求人原稿をつくった例です。

どうぞ参考にしてください。

情報が不足しているとは
どのような状態か。

①
まかないあり
?
②
まかないあり
産地直送の旬の食材を使った
日替わり丼がウマい！
③
まかないあり
産地直送の旬の食材を使った日替わり丼が
ウマい！　日本料理一筋30年の山さんのつ
くるまかないは絶品！
④
まかないあり
産地直送の旬の食材を使った日替わり丼が
ウマい！　日本料理一筋30年の山さんのつ
くるまかないは絶品！　閉店前にみんなで
食べるともっとオイシイ！

PART

2

求人原稿

今すぐに使える!
8つの「応募者倍増テクニック」

応募者倍増テクニック 1 『数字』

求人を「4つの軸」と「五感」で表現するだけで、応募者は見違えるほど増えます。ここからは、さらに効果を高めるためのテクニックや、やってはいけないことをお伝えしていきます。


まずは、すぐに使えるテクニックをご紹介します。

それは「数字」を拾い集めることです。


求人には、御社だけのリアルで等身大の情報が必要です。

数字は物事を具体的に印象づけます。皆さんが思う以上に、**職場内には意外と多くの数字が眠っている**ものです。

情報が具体的であるほどに、求職者の興味や関心につながります。

例を挙げます。

▼職場には何人のスタッフがいるのか？
▼1チームは何名で働くのか？
▼お客様は1日に何人くらい来店するのか
▼ベテランの方の勤続年数は何年なのか？
▼1日の行動範囲は何キロメートルなのか
▼運ぶ商品は何キログラムあるのか？
▼自信を持って1人で仕事できるまで何か月必要なのか？

これだけでも職場を見る視点が具体的になるのではないでしょうか。

このように社内で眠っている数字をそのまま求人原稿に使うだけで、飛躍的に効果は高まります。

事例

「1日600回スクワットしながら、給料○○万円もらっています」

これは、実際に私が求人原稿で使ったキャッチコピーの一例です。

車の製造をしている、とある自動車工場の募集広告でした。


自動車の組み立て工場は、たくさんのロボットが稼働していますが、まだまだ人の手で取り付ける部品も数多くあり、体力を使う仕事です。

そのため、人がなかなか集まりづらい、敬遠されがちな側面もありました。


この大変な作業の概要を聞いて私は、「1つの部品を付けるのに、いったいどれくらいの時間がかかりますか？」と担当者の方にたずねました。

すると、「10分間に5個くらいの部品を付けますね」との回答。1つにつき120秒です。

次々ラインを流れてくる車体に対し、各担当で決められた時間内に作業しなければなりません。

2分ごとに繰り返される足腰の動作……。「これは下半身の筋トレのようだ」と思ったのです。

そこで、1日で作業する台数と、勤務時間から逆算し、大体平均して1日600回のスクワットを行っているのと同じ作業だと仮説を立てました。

途中で何度も休憩時間を取るものの、なかなか大変な作業です。

逃れようのない大変な作業を喜んでやってくれそうな人はどこにいるのだろう？　どんな人だろうか？

スクワットを喜んでやる人＝筋トレが趣味の人たち、と発想し、『1日600回スクワットしながら、給料○○万円もらっています』のキャッチコピーで求人をしたのです。

仕事中に筋トレができて、しかも給与ももらえる――。発想の転換で**仕事のデメリットがメリットに変わった**瞬間でした。

実際、このときの求人原稿には予想通り、筋トレ好きの方から多くの応募が集まりました。

いきなりこのようなキャッチコピーを繰り出すのは難しいかもしれませんが、いずれにしてもまずは、御社にこそ眠る「数字」をぜひ見つけてみてください。

例えばこんな感じです。

「昨年の新入社員4名のうちの1人、27歳のAさんがこんな仕事をしています」
「1年間がんばれば、当社の商品を1人でつくれるようになります」
「当社の人気商品、月に1000個売れてます」

このように具体的であればあるほどよいと思います。

社員数や売上ではない「オリジナル」の数字は、応募者の目に留まり、そして心に響きます。

応募者倍増テクニック

2

『オノマトペ』

求人原稿では「アットホームな職場です」とか「未経験から育てます」「成長できる環境があります」といった、いわゆる「月並みな表現」がよく見られます。

せっかく求人を出すのに定型文を使ってしまっては、もったいないです。

「アットホームな」という表現は、「和気あいあいとしていて、居心地のよい職場」という意味合いで使われることが多いでしょう。

しかし、多くの求人原稿で使われすぎて、**最近では「アットホームな職場と書いてある求人はブラック企業だ！」といわれることもある**そうです。

こうした言葉は「言葉に手垢がついてしまった」と求人広告の世界ではいったりするのですが、**せっかくのよい言葉も残念な伝わり方をしては意味がありません。**

では、どんな表現がいいのでしょうか？

コツは「オノマトペ」を活用することです。


オノマトペとは、擬音語と擬態語のこと。

擬音語とは、「音や声を表したもの」を指します。例えば、「雨が〝ざあざあ〟降っている」「火が〝ごうごう〟と燃えている」というように様子を「音」で表すものです。

一方、擬態語とは、「様子や状況を表すもの」を指します。

例えば、「赤ちゃんが〝よちよち〟歩いている」「ひよこの毛は〝ふわふわ〟している」といった状態を表す言葉です。

このような表現を文章の中に入れるだけで、ぐっと臨場感ややさしさなどが増します。


では早速、前述の例に、オノマトペを加えてみましょう。


「社内はワイワイガヤガヤとした、賑やかでアットホームな職場です」

「自分のペースで、ゆっくりのびのび成長できる環境があります」

こんな感じです。
表現にオノマトペを加えただけで、情景により好感が持てるようになりましたね。
そうです、オノマトペのもう1つの特長は、「ポジティブさが伝わる」ということです。

そもそも広告は、ネガティブなコンセプトよりもポジティブに書くほうがより読み手の心に届きやすいといわれています。

特に転職という人生の転機においては、「不安」や「心配」はつきものです。
できる限り、求人原稿ではポジティブな

印象を与えたいものです。

応募者により好感を持ってもらいやすくなるためのオノマトペのバリエーションは、幅広いのが特徴です。

ゆっくり、じっくり、ほっこり……。

積極的にオノマトペを活用しましょう。

応募者倍増テクニック

3

『小中学生向けに書く』

「私たちは業界のパイオニア」

「リーディングカンパニーとして……」

求人原稿を書く際、こういった一見カッコいい横文字をつい使いたくなりますよね。

日常生活ではあまり使われない、もっといえば会社のパンフレットの序文でしかお目にかかることのない、これらの**カッコいい横文字言葉は、残念ながら求職者の心には届きません。すぐに読み飛ばされてしまう**のです。

それよりも、肩の力を少し抜いて、**普段使いの言葉で書かれる文章のほうが、パッと目に留まります**し、すぐに理解してもらえるので、応募効果を得やすいのです。

ではどんな言葉を使用すればいいのでしょうか。難しく考える必要はまったくありません。

▼日常生活で使っている言葉
▼小中学校で習う言葉

心がけたいのはこの2つです。求人内容をできるだけ、わかりやすく伝わるように意識してみてください。

例えば、家族や友達との食事の席で、「うちの会社は業界のパイオニアでさ……」とは、あまりいいませんよね。

「10年前に、製造業ではうちの会社が最初にこのサービスを始めてね、今でも業界のリーダー的存在だよ」

こんなふうに噛み砕いて話すのではないでしょうか。

コツは、「もし小中学生たちが会社見学会に訪れたら、どんな言葉で説明するか」を考え、それを文字にすることです。

小中学生たちが、意味を調べないとわからないような難しい言葉や、日常生活ではあまり使わない、改まった言葉や横文字は、「子どもでもわかるような言葉」に変換しましょう。

また、漢字ばかりがたくさん並ぶようならば、意識して漢字をひらがなに変換し、読みやすくしましょう。

求人原稿には「漢字は6文字以上続けない」は、ぜひ守ってください。

多くの採用担当者の方が「応募がこないのは待遇や条件に魅力がないからだ」と思い込んでいますが、実は、こうした「読んでもらえるためのちょっとした仕掛け」をするだけで、状況は驚くほど好転します。

「小中学生向け」をぜひ、心がけてみてください。

応募者倍増テクニック 4

『自慢話は書かない』

自慢話って、はっきりいって退屈ですよね。「その話、早く終わらないかなぁ……」なんて思ってしまうものです。

実は、**求人原稿には自慢話があふれています。**

そうなってしまう気持ちはよくわかります。

会社の魅力をアピールしようと思うとつい、「会社のよいところを書こう！」とがんばってしまいます。しかし、過度な自慢話は、結果的に応募者に煙たがられてしまいます。

「自慢話」は、本質的には応募者の方に知ってほしい情報だと思います。

ぜひ伝えたいところですが、**そのままでは応募者の心には刺さりにくいです。ですから、「伝え方の角度」を変える必要**があるのです。

例えば、「当社は○○アワードに選ばれ、○○から表彰されました」「創業○○年の老舗企業で地元の方々から愛されています」という場合はどうすればよいでしょう？

1つには、「お客様からの感謝の手紙や顧客から喜ばれたエピソード」や「スタッフからの生の声」をご紹介しつつ、会社からの視点ではなく、**お客様やスタッフからの視点に切り替えて伝える**のがよい手法です。

「当社は創業○○年の老舗です。地域では知らない人はいない優良企業です」といわれると、少し鼻につく人もいそうです。

ちょっと言い換えをしてみましょう。

「当社は創業○○年の企業です。『地元でなくてはならない存在ですね』とお客様から手紙をいただくほどです」

「当社は、商工会議所様から多くの賞状をいただいており、恥ずかしながら『地元の優良

企業』といわれることも多いのです」

どうですか？　これだけでも応募者が受ける印象は変わりますよね。

あるいは、ここはどうしても自社の魅力として伝えたい場合、「～ということが当社の自慢です」と言い切ってしまうのも1つの手です。

「うちの自慢は、社員の多彩さです」
「おせっかいを焼く社風が当社の自慢です」
「1万人のユーザーからの喜びの声が、当社の自慢です」

このように**潔く自慢話だと書いておくと、かえって好印象を持ってもらえます。**

気をつけたいのは、中途半端に自慢話をちらつかせないこと。書くなら最初に断ったうえで書く。あるいは、客観的、第三者的な視点で角度を変えて自慢話を書く。そのどちらかにすべきでしょう。

応募者倍増テクニック 5

『隠したいデメリットこそ書く』

「会社の自慢をどう伝えるか？」をお伝えしましたが、その逆の話です。人も会社もネガティブな部分はつい隠したくなるものです。

求人原稿を書く際も、ついメリットばかりを強調して、あまり外向けには知られたくない情報は載せたくないという気持ちはわかります。

誰だって自分たちの弱い部分やうまくいってない部分はいいたくないものです。まして や採用活動であればなおさらです。しかし、むしろそういう部分こそ、**赤裸々に書いたほうが採用においてはメリット**になります。

企業側は隠すべきデメリットだと思っていることが、実は求職者の一番知りたい情報という場合も少なくありません。

今回の求人募集はどのような背景で、自分が入社することによってどういう展望が見え

るのか。求職者はそれを知りたいと思っています。

例えば、退職が相次いで欠員募集となった場合は、求人の経緯を載せづらいかと思います。

しかし、企業が面接時に応募理由や転職理由を必ず聞くように、求職者もまた企業に対して、「今回なぜ求人募集をしたのか」や、企業が抱えている「苦労」や「乗り越えるべき壁」を知りたがっているのです。


「実は、業績好調の一方で、メンバーの業務量が増えてしまっていて、離職者も出ている状況です。残業が多い会社になってしまいましたが、あなたが入社することで、残業のない勤務体制を目指したいと思っています」

例えば、このように**率直に伝えて「この課題を一緒に解決しませんか?」「あなたが入社することで改善できます」といったアプローチをしていく**のです。


求人欄にただ添えるように「育休制度あり」と書くだけでは、その実態はどうなのか、本当に制度としてあるのか、求職者にとっては不可解で怪しいとさえ感じるでしょう。

それよりも、「当社ではまだ育休制度の実績はありません。あなたが第一号になりませんか？」といった、正直かつ前向きなメッセージを打ち出すほうが、求職者の印象をポジティブに変換することができます。

「ウチは大手さんに比べるといろいろと遅れていることばかりで……」と自信のない制度や待遇面には触れないようにしても、求職者には雰囲気で伝わってしまうものです。

ぜひ、この機会に社内で話し合いの場を設けて、社内体制や制度面での改善ポイントを話し合ってみましょう。

事例

営業担当とエンジニアの仲が悪いシステム会社にも複数の応募が！

ネガティブな情報を正直に伝え、採用が成功した事例をご紹介しましょう。

システム会社の採用です。とにかく営業部とエンジニアの仲が悪い、というのです。「営業担当が獲得してくるお客様は、いつも無理な注文ばかりをつけてくる！」とエンジニアは不満が溜まるばかり。営業担当は営業担当で、「精一杯調整して考えてやっているんだから、少しは協力してほしい」の一点張り。

仕事上の多少の衝突はあれど、それが長引くと退職者を生むばかりで、社内の空気もすこぶる悪い。そんなケースでした。

ネガティブな環境の中での求人募集は、なかなかの苦戦が予想されました。

営業担当とエンジニアの間に立って、両者の橋渡しをするディレクター的なポジションの求人募集でしたが、はたしてこうした現状を求人原稿の内容に書いていいものかどうか……。採用担当者には葛藤があったようです。

私は、採用担当者にこう切り出しました。

「この現状は隠さず、洗いざらい求人原稿で伝えましょう。たしかに、営業担当とエンジニアの間に入って調整するのは大変なことなので、応募が来るかどうか不安になるかと思います。ただ、お願いしたい業務そのものが不透明になってしまっては、いつまでも採用はうまくいきません」

担当者の方も「そうですよね……よし、この事態を収めてくれる人材を探しましょう」と決断してくれました。

そして、「あなたにお願いしたいのは営業担当とエンジニアの橋渡しをする、サポート業務です」という内容で、求人を出す背景もきちんと書いて募集を行いました。

その結果、「そういう仕事、やりたいです」「前職で課題解決を行う仕事に就いていました」という応募を何件もいただきました。

重要なのは「ありのままを見せる」ということ。飾らず、つくらずに**現場のリアルな情報を出していけば、必ず応募してくれる方は現れます。**

事例

4か月、応募者ゼロの運送会社。たちまち応募者が38人も集まった秘訣は……

デメリットの開示ではないのですが、業務内容を赤裸々に書くことで、採用に成功した事例をご紹介しましょう。

首都圏で業務を行っている、とある運送会社の事例です。

「市場から飲食店へ食材を納品するドライバーが欲しい」とのことで、月10万〜20万円の広告予算をかけて募集を行っていました。

しかし、反響は鈍く、**4か月間の応募者数はゼロ。ときに月2〜3名の応募者があっても、採用に至らない**というご相談でした。

特に最近は、どこの運送会社もドライバーの確保に苦労されています。

ネット通販の個人利用が急増していることから、ＢｔｏＢ、ＢｔｏＣ、いずれの配送業も人手不足で苦しんでいます。

配送ドライバーの仕事ですが、さらに求人を難しくさせているのが、会社の特色があまり出せないところです。

「荷物をきちんと届ける」ことが業務内容なので、個人の能力差もそこまで必要とされません。そのため、どこも似たり寄ったりの求人原稿になってしまうのです。

そこで、こちらの会社では、仕事に関連する情報を整理し、求人原稿に反映させました。運ぶ荷物の重さや1日に運ぶ個数、また訪問先の件数、配送先のルート、1日の走行距離、配送先への納品時間の厳しさ、さらには女性でも配送が可能なのかどうかなど、とにかく**「細かく」書くことを徹底した**のです。

「詳細に書きすぎることで、応募の反響が落ちるのでは……」と、運送会社の社長は心配していました。

「入社してもすぐに辞めてしまう可能性を考えれば、求人原稿ですべて書いて、採用マッチング度を上げたほうがよいと思いませんか？」と私はお伝えしました。

すると「たしかにそうですね」と納得いただくことができました。

また、**細かく仕事内容を書いたことで、それまで見えなかった業務のメリットにも気づくことができました。**

青果を運ぶ、ということで「ほかのドライバー職に比べて朝が早い分、午後早く終了できること」や「勤務時間が短いため、夕方の道の混雑に巻き込まれることも少ないこと」、さらには「個人宅配送でありがちな再配達のストレスもなく、荷物も比較的軽く運びやすいこと」「配送先が固定ルートで、毎日変わらない仕事のペースで続けられること」など、多くの魅力が見つかり出したのです。

求人広告を出してから数日で反響があり、**1か月5万円の広告費で38名の応募者を獲得**しました。これには社長もびっくりされていました。

入社後に合わずに辞めてしまう方も数人いらっしゃいましたが、それをカバーできるほどほかに候補者がたくさんいたことで、短期間での採用成功となりました。

応募者倍増テクニック

6

『内輪ネタ』

求人原稿に「会社内で語り継がれる内輪ネタ」を書くことをよくおすすめしています。

「内輪ネタなんて、応募者さんは聞きたいの？」と思ったかもしれませんね。

実はこれがなかなかウケます。

これは求人原稿に限らず、その後の面接の場でも有効な一手です。ぜひ、応募者の反応を見ながら、採用のシーンで職場の鉄板ネタを披露してみてください。


なぜ、内輪ネタが応募者にウケるのでしょう？　それは、**会社にまつわるエピソードを知ることが、応募者が自社へ興味や関心を持つきっかけとなるから**です。また、**会社の内側、つまり働いている人の人柄を垣間見られることで「安心」にもつながるから**です。

ちょっと想像してみてください。応募者は、これからまったくの新しい環境に飛び込もうとしています。誰も知っている人はいないし、どんな仕事をするのかもよくわかっていません。そのような状況でさまざまな求人原稿を眺めています。

似たような求人原稿ならば「どれも似たような職場だ」という印象を受けてしまうかもしれません。それを避け、他社との差別化に必要となるのが「内輪ウケ」なのです。つまり、**内輪ウケがちょっとした職場紹介になる**のです。

どんな人たちが働いていて、どのような日常を送っているのかが少しでも見えると、応募者はその会社に親しみを覚え、興味を持ってくれます。

どんなエピソードでもかまいません。

会社で「こんな伝説を残した先輩がいる」「上司がやらかしてしまった恥ずかしい話」「マニアックすぎて業界人しか通じないあるあるネタ」など、ときにありふれた小さな話でも、「それ面白いの?」といわれそうなエピソードでもいいのです。

「こんな素晴らしい先輩がいる」とか「頼もしい上司がいる」といったカッコいい話はあまりおすすめしません。

身内の自慢話よりも、むしろ身内の恥ずかしい話のほうがウケがよいです。「人の不幸は蜜の味」といいますが、他人の失敗話は心に残りやすいです。また、業界ネタはほかの業界の人には新鮮に映ることも多いです。

飲み会で必ず盛り上がる社内だけのネタ、ありますよね。

普段職場で雑談するようなエピソードをぜひ盛り込んでほしいのです。人間味のあるエピソードほど、求職者の心に残るでしょう。

こうした内輪ネタを集めるためには、採用担当者自ら現場に出かけて行って、生の声を拾ってくるのが大切です。

現場の作業や仕事ぶりを見ながら話を聞くほうが、会議室で話を聞くだけよりはるかにいい話が集まります。

社内で「内輪ネタ集めチーム」をつくってみるのもいいでしょう。「採用に協力してほしい！」と採用担当者が声をかけると、社内は身構えてしまうかもしれません。

しかし「面白い内輪ネタを1つ集めてほしい」という依頼ならば、気軽に協力しやすいだけでなく、社内で採用が盛り上がるきっかけになることでしょう。

飲み会の席では、やや疎まれがちな部長の武勇伝も、もしかしたら会社の採用を救うきっかけになるかもしれません。

この機会に思いきり語っていただき、求人原稿に盛り込んでいきましょう。

応募者倍増テクニック 7

『最初の5行』

日本人の6割は過去1度以上の転職経験があるといわれていますが、皆さんの中にも、転職の経験をお持ちの方もいるかと思います。

そのときのことを思い出してみてください。

インターネット求人であれば、大量に表示される求人を次々流し見しながら、条件面や就業場所などで絞り込み、気になる求人にチェックを入れていたかと思います。

一般に、一覧表示される**求人原稿を求職者が眺める時間は0・5～3秒**ほどといわれています。

少しでも気になる求人原稿があれば、さらに読み込んでいきますが、多くの場合、職種名やキャッチコピーなどをパッと見て特に気にならなければ、次々にほかの求人原稿へ目が移っていくと思います。

大量の求人原稿の中から自社の求人原稿を読んでもらうには、その**一瞬に映る「最初の5行」が重要な鍵**を握ります。

せっかく魅力を詰め込んだ求人原稿を作成しても、読んでもらえなければ意味はありません。

では、求人原稿における「最初の5行」には、どういう工夫が必要でしょうか。

求職者が転職する理由や転職先に求める条件とはなんでしょう。

「もう少し年収を上げたいのか？」
「働き方を改善したいのか？」
「もう少しやりがいのある仕事に就きたいのか？」

いずれにしても、今の職場や仕事から「なにか」を変えたくて転職活動しています。その「なにか」に合致するものを最初の5行に込めるのです。

もちろん、すべての希望に応えられるわけではありません。

御社が転職者に提案できる「魅力」をはじめに伝えるのです。

残業がない勤務体制が魅力であれば、子育て中のママさんやパパさんが興味を惹くかもしれません。

有給取得100％であれば、旅行好きな方や趣味に熱心な人が応募してくるかもしれません。

このように、会社が提供できる魅力は書く内容次第で、応募してくる求職者の傾向も変わってきます。

ここでも**「企業軸：企業メッセージ」「仕事軸：仕事の魅力」「職場軸：職場や人の紹介」「条件軸：給与や待遇」の4つの軸が役立ちます。**

もちろん4つの軸すべてを求人原稿にまとめるのですが、特に強調したいという魅力は、ぜひ最初の5行に書いてみてください。

その後、反応をみながらにはなりますが、「想像していた応募者とちょっと違うかも」

となれば、最初の5行を別の魅力に差し替えてみてください。

4つの軸それぞれを最初の5行に書いて反応を試してみるのもいいでしょう。4つの軸がありますから、最低でも4回チャンスがあるということです。

1回で効果が出なくてもめげる必要はありません。何回かパターンを変えたものを出していくと、必ず反応のいいものが出てきます。

あきらめないで、最初の5行を工夫していきましょう。

事例

「うちに学びにきませんか?」で1か月に25名の応募があった税理士事務所

都内の下町に開業した、税理士事務所の事例です。税理士1名で営業から実務までしていた個人事務所でしたが、「顧問先の増加に伴い、アシスタントを1人雇いたい」という希望でした。

資格やスキルは必要ないものの、小さな事務所のため雑用などの仕事も多いといいます。お客様とのやり取りもあるため、「将来は税理士を目指しているような、意識の高い人材を」という要望がありました。

ハローワークや地元の求人誌に3か月間で10万~15万円の広告費をかけて募集したものの、反応はゼロ。採用を止めようか、それとも継続しようかと思っている際に、私にお声がけがあったのです。

そこで、私がその税理士とお話をしてみると、面倒見のいい性格であることがわかりました。「税理士はね、資格だけあっても実務はできないんだよ。だから新しく入ってくる人には、実務を覚えてもらって、自身の経験に活かしてほしい」といいます。

さらには、「税理士の勉強をしている方だったら、こちらも教える時間をとるのでマンツーマンで試験勉強対策をしますよ」とまでいうのです。

「勉強したいならいくらでもサポートしたい」という想いをひしひしと感じた私は、「そのことを求人に載せましょう。雑務を面倒なものではなく、将来の経験値になる業務としてとらえるのです。税理士を目指している人をターゲットにすれば、多くの反応があると思います」とお伝えしました。

最初の5行は「うちに学びにきませんか？」というキャッチコピーにしました。

そして、30日で5万円をかけて応募を開始。すると、1か月で25名の応募者が集まりました

「資格を取りたくて勉強したい方がこんなにいたんですね……」とその税理士は驚きを隠せない様子。25名の中から1名を採用し、その後事務所は軌道に乗ったと聞いています。

応募者倍増テクニック 8

『矛盾がないかどうか』

「4つの軸」と「五感」で求人しているのに、思うように応募者が集まらない……。それってもしかしたら、存在しない架空の人物に向かって応募を呼びかけているのと同じ状況かもしれません。

手元の求人原稿を確認して、その募集条件で働いてくれる人が現実に存在するのかをもう一度確認してみてください。

世の中の求人原稿には「あれ？　これってよく考えるとおかしくない？」という募集条件が意外と多く存在します。例を挙げます

▼「仕事と家庭との両立歓迎！」と書かれているのに、「社内イベント盛りだくさん」「残業あり」の記載

▼「地元で長く働きたい方、歓迎！」と書かれているのに、補足事項に「転勤の可能性あり」

よくよく考えると、ちょっと矛盾している募集条件は割と多くあります。

これでは、途中まで応募しようと思っていても「あれっ？　よく読むとちょっと変かも」と求職者の気持ちが冷めていく要因になります。

このような事例もあります。

▼業界経験5年希望

▼20代後半〜30代前半の方

▼入社1年目は未経験者と同額のスタートとなります（当社規定）

こちらの条件、いったいどの辺が求職者のNGポイントだと思いますか？

業界経験をお持ちの、経験者採用でありながら新人と同じ給与スタート。これでは、経験者にとってはあまり魅力ある求人には映りません。

20代後半〜30代前半ともなれば、結婚して子どもが生まれたばかりかもしれません。これまでの5年間の努力と経験を積んで、どんな想いで転職を決めたのでしょうか。家族のために少しでも給与アップが望める会社への転職を目指しているかもしれません。

仮にそうだとしたならば、未経験者と同額スタートでは、応募に二の足を踏んでしまいます。この場合は、業界経験を踏まえた給与提示の見直しが必要になるでしょう。

あるいは、こんなケースもあります。

▼事務経験者募集
▼初歩的なExcel／Wordが使えればOK
▼簡単な入力作業をお任せします

こちらはいったいどこがNGポイントなのでしょうか？

事務経験者の転職理由の1つに、「もっと会社に頼られる高度な仕事にチャレンジしたい」という理由があります。

特にExcel／Wordを使った業務では、経験をお持ちの方ほど仕事の難易度が高い企業を転職先に選ぶことも多いそうです。

企業にとっては、簡単であればあるほど求職者の食いつきもよいだろうと、ついハードルを下げがちですが、実は**「簡単」というワードを避ける求職者もいる**のです。

転職を機会に「もっと会社や社会の役に立つ仕事がしたい」と思う人は非常に多いのにもかかわらず、こうした応募者を確実に取りこぼしてしまうのはもったいないことです。

2つの事例のように、求人内容と求める人物像のミスマッチが原因で応募が来ない、というのは陥りがちなパターンです。

24ページの「採用【目的】チェックシート」を見直し、求人内容に矛盾がないか、チェックしてみてください。

求人原稿に「ツッコミ」を入れることで、もっと応募者が集まる

「求人原稿ができあがったぞ！」と、すぐにでも求人メディアに掲載しようとしている採用担当者の皆さん、ちょっと待ってください！

急ぐ気持ちを少し落ち着かせて、その求人原稿をぜひ会社のメンバーに見せて、感想をもらいましょう。

まずは、採用を予定している部署のメンバーたち、次に採用予定者に近い年齢やポジションのメンバーたちに見てもらいます。

時間があれば、なるべく多くのスタッフに見てもらってください。

複数の人に読んでもらうことで「なんでこの表現にしたの？」「なぜこの文章を入れたの？」という質問や疑問が出てくるはずです。

これが重要なんです。なぜなら、ほかのメンバーから寄せられた質問や疑問の数々は、「応募者からの質問や疑問そのもの」だからです。

例えば、「やさしい上司が待っています」と書いた文章に、

「どんな上司なの？」

「これって誰のこと？」

「なんでやさしい上司と書いたの？　理由はなに？」

などの指摘が入った場合、求人原稿を見てくれる求職者も、同じ感想を抱く可能性があります。

原稿から応募につながって、面接の場で細かな説明ができればよいですが、応募にすらつながらない可能性を考えると、事前にチェックして求人原稿の精度を高めたいですね。

さらには、ポジティブに書いたつもりが、求職者にはネガティブに伝わり、応募の機会損失になってしまう場合もあります。例えば、このような一文です。

当社は定時帰宅を応援しています
→なぜ定時帰宅を「応援」なんだろう?
普段は定時じゃないのかな?

会社のメンバーから、「ツッコミ」を入れてもらってください。

自分では気づかない小さなひっかかりを1つずつ解消していくことで、より効果の高い求人になっていきます。

ＡＩに選ばれ、表示回数が増える求人原稿とは

インターネットが普及し、ＷＥＢ媒体での求人が主流となっています。

検索アルゴリズム（ＡＩ）と呼ばれる、書かれた文章によって特定のユーザーへのクリックを強化してくれるプログラムが動いています。

簡単にいうと、あなたの書いた求人原稿の良し悪しで、**より多くの人に見てもらえるか、それとも誰にも見られないかが、プログラムによって判断されている**のです。

あまり正しい言い方ではありませんが、「文章の良し悪しで掲載順位が変わる」といえば、わかりやすいでしょう。

求人原稿の良し悪しをＡＩが判断している時代はすでに到来しています。

であるならば、「ＡＩに選ばれる求人原稿とはなにか？」を知る必要がありますよね。

例えばエンジニアの仕事を探している求職者が、「未経験者歓迎」と書かれた2つの原稿に目が留まったとしましょう。

一方の求人原稿には、「未経験者歓迎」とだけ書かれています。

もう一方の求人原稿には、「なぜ未経験を欲しているのか」「技術習得までの期間はどれくらいか」「フォローアップしてくれる先輩はどんな人なのか」といった内容が詳細に書かれています。

さて、2つの求人原稿のどちらを、あなたはより読み進めたいと感じますか？

おそらく多くの方が後者を選ぶのではないでしょうか。

丁寧に文章を組み立てて伝えることが、応募者にとってはやさしい求人原稿となります。

AIの視点で見ても、同じです。**求職者に向けて丁寧に書いてある求人原稿ほど、求職者のページの滞在時間が長くなり、AIの評価も高まる**からです。

また、今のAIは人間と同じように、文章を読み込んで、求職者にとってほかの求人にはない新しい情報が豊富かどうかも判別しています。

つまり、他社にはない、御社だけの情報を盛り込むほどＡＩの評価は上がっていくのです。

私が「御社だけの情報を探しましょう」と語ってきたのは、ＡＩ対策でもあるのです。他社の求人内容と似たり寄ったりであるほどに、求職者からもＡＩからも読み飛ばされてしまいます。

同業他社に一歩リードする採用を目指すならば、社内を見渡し、他社にはない、自社だけの情報を集めてみてください。

そうしたユニークワード（御社だけの情報）が増えるほどに、ＡＩから選ばれ、応募者も増えていくはずです。

PART

3

募集

御社が欲しい人材とは、
こうすれば出会える

登録者数を売りにする求人メディアに惑わされるな

「ユーザー登録100万人以上」

「業界No.1」

こんな謳い文句に誘われて、1週間や1か月、求人広告を掲載してみたものの、「あれ？ 1名も応募が来ない」という経験はありませんか？


現在日本には、1000を越える求人メディアがあるといわれています。

テレビCMで見かけるような有名なところから、専門職に特化した求人メディア、地域密着を売りにしたご当地求人メディアなど、多様です。

数が多すぎて、正直どこに頼めばよいやらと悩まれる採用担当者がほとんどでしょう。

悩んだあげく有名なところをいくつか比較検討し、ユーザー登録数（会員登録者数）の多い求人メディアに掲載を決めているかもしれません。

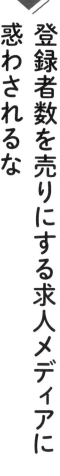

もちろん、それは必ずしも間違いではありません。登録している人の数が多いほうが、応募が期待できそうだと考えるのも当然かもしれません。

ただ、冒頭でお話ししたように、「100万人の利用者がいると謳っているのに、なぜ当社には1名の応募もこないんだろう」と嘆く声をよく耳にします。

では、どのような基準で求人メディアの良し悪しを判断し、どう広告の出稿先を選べばよいのでしょうか。

3つの重要な判断基準があります。

①全体のユーザー登録数（会員登録者数）**ではなく、御社の業種・業界に興味があるユーザー登録数**

②御社が求人募集する地域（市区町村）**のユーザー登録数**

③同業界（同業他社）**の掲載数**

全体のユーザー登録数が膨大でも、御社の業種・業界に興味のないユーザーばかりではあまり効果が期待できません。

また、東京や大阪など都市部では有名でも、御社の県や市区町村での認知度やユーザー登録数が少ないようでは、期待通りの応募者を得るのは難しいでしょう。

業種・業界に興味のあるユーザー数やエリアによるユーザー数は、多くの求人メディアでは質問すると教えてくれます。

もし仮に、言葉をにごして数値を教えてくれなかったり、正確な数値をわかっていない状況であれば、その求人メディアそのものを利用するのを控えたほうが得策です。

そして、御社の業種・業界、かつ所在地内でのリアルなユーザー登録数を確認し、その数がより多い求人メディアを出稿先に選ぶようにしましょう。

実際に調べてみると、**有名な大手求人メディアだとしても、自分たちの対象ユーザーが数百人くらいにまで減ってしまったという事例もあります。**

さらにメディア選択の際には、各メディアの特徴を知ることも大切です。

大手メディアを比較してみても、接客業の求人情報が多いメディアや、製造業の転職情報が多いメディアなどそれぞれに得意分野が違います。

例えば、indeedや求人ボックスのようないわゆる「検索型求人メディア」のほか、看護、エンジニア、ドライバーなどの職種に特化した専門求人メディアもあります。

自分たちの仕事に関わりのあるユーザー数を正確にリサーチしましょう。

最後に、同業界（同業他社）の掲載数です。

御社の業界をカテゴリで検索すると、掲載数は一覧表示されます。

掲載数が多いということは、ライバルが多いということになりますが、合致するユーザーも多いということです。

こうした3つのポイントで、求人メディアを正しく選んでいきましょう。

「甘い言葉」で営業してくる人材紹介会社に惑わされるな

インターネット広告、折り込みチラシ、求人情報誌……いろいろ手は尽くしたけれど応募者が集まらない。そんなとき、人材紹介会社から「よい人を紹介しますよ」と営業電話がかかってくることもあるでしょう。

私は採用業界に20年以上身を置き、人材紹介会社の支援も行なってきました。人材紹介会社はテレビCMなどの各種広告媒体や、皆さんと同じように求人メディアを駆使して、人材を集めています。

また、**人材紹介会社の紹介料は決して安い金額とはいえません。裏を返せば彼らもそれほど安い金額で人を集めているわけではない**のです。

特に地方都市の人口減少や少子高齢化の加速で、人材獲得には「採用ノウハウ」と「採用予算」の2つ、つまり知恵とお金の両方が必要な時代へと突入しています。

人材紹介会社のメリットとしては、採用にかける広告メディアの選定、採用工数に時間や労力を抑えられ、紹介料を払うだけで希望に応じた人材を獲得できることにあります。

ただ、前述したように、彼らもまた多額の広告費用をかけて応募者を募りますので、すべての都市においていつでも人材を紹介してくれるとは限りません。

最近多い傾向としては、紹介会社と契約したものの、半年経っても誰も紹介してくれないといったケースがあります。彼らもまた採用に苦戦しているのです。

人材紹介会社も商売ですから、人口減少が加速するエリアより、できるだけ人口の多い都市部を中心にビジネスを展開したほうが、リスクも少なく利益も高いと考えるでしょう。

本書を手に取っていただいた皆さんには、ぜひ人材紹介会社に頼らずとも、自分たちの力で、採用成功できるようになっていただきたいと思います。

そのための採用ノウハウは、本書に詰め込みました。

募集手法の基本をあらためて知っておこう

採用手法が多様化し、現在では「インターネット求人」といっても、さまざまな手法のメディアやツールが存在しています。

「実際にどんなツールやメディアが有効か教えてほしい」と聞かれることも多いのですが、業種や業界、また大都市圏と地方ローカルでも有効な一手は変わってくるので、ひと言でお伝えするにはなかなか難しいところでもあります。

そこで、今回は代表的な手法を例に、それぞれの特長を解説したいと思います。

検索型求人メディア

先ほどもご紹介しましたが、代表的なサービスにindeedや求人ボックスなどがあります。

インターネット上で仕事探しをするユーザーの「検索動向」やユーザー属性に合わせた

求人票を表示する検索エンジンです。

さまざまな求人サイトと連動していることもあり、多くの企業が利用しています。

自社採用ページ

自社のホームページとは別に、採用に特化した自社採用ページを導入する会社も増えています。

自社採用ページ内には、会社の魅力のほか、社員インタビュー、勤続年数や男女比などのデータ類、今後の事業の将来予測など、求人原稿では書ききれない情報をふんだんに盛り込むことができます。応募数向上・面接来場率向上に有効です。

最近では無料で採用ページを作成できるサービスがあります。

求人サイトや広告メディアと連携して、自社採用ページの存在をアピールしつつ、数年に渡って採用ページを育てていくことが有効です。

SNS活用

X（旧Twitter）やInstagram、Facebookなど、いわゆるSNSを活用した採用に力を入れる企業も多いです。特にＢｔｏＣ系の企業ですと、お客様向けのＰＲノウハウを活かして、採用の集客にもつなげる傾向があります。

社内の運用チームを結成し、職場情報、働くスタッフの紹介、社長の想い、仕事の醍醐味や魅力、会社の歴史、業界の魅力や面白さなど、まずはコンテンツを増やしていきましょう。

採用に直接関係のない投稿も有効です。

街のイベント情報や、会社近くの美味しいお店情報、ときにはスタッフの趣味の紹介など、月間20～30の投稿ネタを用意できれば理想的です。

継続が効果を生むのがＳＮＳですので、短期間だけがんばるのではなく、長期的に運用を継続できるようチームで動くのがよいでしょう。

反響の高い投稿のリピートと、自社が伝えたい採用についての情報をミックスしながら楽しく継続できる運営体制が理想です。

今、流行りのスカウト型採用でも「4つの軸」で応募者増へ

時代の流れを受けて採用業界は変化しています。最近よくテレビCMで宣伝されているのが、スカウト型です。スカウト型採用とは、紹介会社に登録されている求職者の方々にこちらからスカウトメールを送って、採用につなげるという手法です。

求人広告に掲載して反響を待つ、という従来の方法ではなく、自社が欲しいと思った人材に直接アプローチできるという特徴がありますが、私はこのスカウト型も従来の方法となんら変わりがないと思っています。

というのも、スカウト型であっても、求職者にメールを見てもらい、そこで求職者の心を響かせなければならないからです。

とはいえ、「この条件に合致した人が欲しい」というような職種の場合、該当者にスカウトメールを送るのは有効でしょう。

また、**スカウト型は短期的に、ピンポイントで活用するには効果的ですが、長期的な活用には向いていないといわれています。**目的を持ってスカウト型の採用方法を使用するのはいいですが、やはり肝心なのは「求人の中身」なのです。

転職活動を行う求職者のメールボックスには、「企業からのスカウトメール」「応募した企業からの返信メール」「登録した求人メディアからのおすすめ情報」など、毎日さまざまなメールが届きます。

スカウトメールの数は、人によっては毎日数十通にもなります。せっかく送ったスカウトメールが、未読のままメールフォルダに埋もれている可能性は高いです。

だからこそ、本書で述べてきた求人の手法をスカウトメールにも活用してください。「最初の5行」で御社の魅力を伝える手法の応用です。**スカウトメールの最初の2行に御社の一番の魅力を書く**のです。その後の返信率を見ながら、**最初の2行を「4つの軸」で変えていきながら、メールの開封率や返信率を向上させていきます。**

無料で利用できる「ハローワーク」を最大限に活用しよう

無料で求人掲載できる利点のあるハローワーク。インターネットからも検索でき、求人票のフォーマットのリニューアルによって、記載できる文字量も大幅に増えました。

私が指導した会社からは「ハローワークを見直したところ、応募者が倍増しました」といわれることも増えました。

ここでは、7つの改善ポイントについて簡単にご紹介します。

1 職種名

求職者が必ず見る項目である「職種名」にひと工夫しましょう。他社とのちょっとした違いや、御社の特徴などを盛り込むと興味や関心を誘発します。例を挙げます。

「企画・設計」→「●●専門の企画設計」

「営業」→「既存顧客メインの営業職」
「販売」→「20代女性向けのファッションブランド販売」

2 仕事内容

未経験者を採用したいのであれば、知らない業界・業種に興味を持ってもらうための魅力の訴求が必要です。

記入できる360文字をフルに使って、未経験者にやりがいや仕事の魅力、習得までの期間、どんな顧客が多いのか、1日のタイムスケジュールはどんなイメージなのかなど、不安を解消し、業務の面白さを具体的に伝えていきましょう。もちろん「五感」を意識して、まとめてみてください。

業界経験者を採用したい場合には、経験に応じて任せたいポジションや他社との違い、御社だからこその強みなど、転職先として興味を持ってもらえる魅力を書いてみましょう。応募者・倍増テクニック①〜⑧を見直して、工夫してみてください。

3 必要な技能や資格

採用にあたって求めるスキル（必要な技能）や資格は明確に書きましょう。習得までの期間や難易度なども書くことができればさらによいです。

例えば、「パソコンが使える方」など、不明確な基準で書いてしまう採用担当者が非常に多く、求職者を遠ざけている要因になっています。

パソコンを使えるかどうかの基準は人によってバラバラです。

例えば、「在庫数管理のため、Excelで数字を打ち込むだけ」「営業サポートとして注文表に合わせた関数を利用して入力作業をお任せします」など、具体的に書きましょう。

習得度合いを伝えることは重要です。

4 その他の手当等付記事項

手当の数は従業員を大切にしている証でもあります。どんな小さな手当や制度も書きましょう。自社だけの変わった制度などがあれば、求人票内での注目度も大きいです。

また、今回の採用をきっかけに新しい手当をつくってみるのもよいですね。

5 事業内容

紙面90文字、ネット最大600文字まで入力可能です。将来へ向けてのビジョンや社長のモットーなど、会社の姿が見える内容がよいですね。形式的な事業紹介ではなく、熱い想いや目標、将来がワクワクするような言葉を添えましょう。

6 会社の特長

紙面のみ90文字入力可能です。「特長といわれても、ウチはどこにでもある会社ですよ」とおっしゃる方も多いのですが、よく見直してみるとなにかしら「ウチはこの部分は同業他社と違って誇れるぞ」と思う部分があるものです。

また、純粋に「ウチの自慢は社員たちだ」というのであれば、無理に同業他社と差別化をはかろうとせずとも、素直にそれを書いてみるのもよい手です。

7 求人に関する特記事項

最大600文字入力可能です。自由項目というとハローワークに怒られてしまうかもしれませんが、自社の魅力やあふれる想い、先輩社員の声や待遇の数々など、ここまでの項目で書ききれなかったことを存分に書きましょう。

少しマニアックなことでも大事な内容、応募者の興味や関心を引きそうなことなら、ぜひ書いてください。

「求人に関する特記事項」に余白が目立つ会社は非常に多いです。人は書いてある内容に興味を持つのであって、白紙や余白が多すぎては興味を生みようもありません。

ぜひ、余白を残さないように、1行でも多く情報を盛り込みましょう。

7つの項目を見直すだけで、応募者の反応は見違えます。もし、書くことに悩んだら、本書のPART1とPART2を読み返してください。

デジタルとアナログの融合で応募者増！会社周辺にポスティング

求職者の約8割はスマホを利用して、ネット上で職探しをしているといわれています。今や40代50代の中高年層もネットで転職活動を行っています。

興味深いのは、60代以上の世代でもスマホから応募される求職者が一定数いることです。だからといって、アナログな採用手法を止めるにはもったいないです。

求職者が「仕事を探すうえで、どんな条件や基準で仕事を選んでいるのか？」で長年上位に登場する回答が、「自宅から近かったから」「通勤圏内」です。

会社に近い求職者をターゲットにするという点では、「ポスティング」というアナログな手法にもまだまだ可能性があります。

ポスティング求人のメリットは、次の4つが挙げられます。

▼自宅周辺で職探しをする人たちに届けられる
▼ポストへダイレクトにチラシを投函するので、見られる確率が高い
▼インターネットとは違う新しいタッチポイントが生まれる
▼インターネットに比べて費用が安価の場合も多い

求職者に直接アピールできる能動的なポスティング求人は、「攻めの採用」の1つとして、取り入れることをおすすめします。

ポスティングは世帯ごとに配布できるという特徴があるため、本人だけではなく、職探し中の家族を心配する親や祖父母などの目に留まり、そこから情報が共有されていくパターンもありうるからです。アナログならではの広がりが生まれます。

ただし、ポスティング広告もネット広告同様に工夫やテクニックは必須です。

「ご近所で仕事を探していませんか？」
「出勤は保育園の送迎後でＯＫ」
「お子さんの地元就職を応援します！」

このように、ポスティングを手に取る層を意識して、地元の方々の暮らしやニーズに寄り添う求人チラシをつくっていきましょう。

周辺地域への配布となれば、インターネットと比べるとアプローチできる人数は少ないかと思いますが、私の経験上、地域住民のニーズに寄り添う広告をつくれば、非常に狭いエリアにポスティングするだけでも一定の問い合わせは期待できます。

よい人材の周りには、よい候補者がいる「リファラル採用」

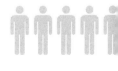

「リファラル採用」と呼ばれる採用方法があります。「リファラル採用」とは、いわゆる社員からの紹介採用のことです。

今、採用マッチング度の高い有効な採用手段と注目されています。

では、なぜこのリファラル採用が強いのでしょうか。

1つには、**「御社で活躍されている社員の方は、どんな人材が向いているかを知っている」**ことにあります。

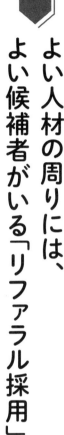

社員にとっても一緒に働く仲間となるわけですから、向いていない人をわざわざ紹介はしません。紹介が発生した段階で、ある程度、現場目線で「会社に向いている人」を選別できているようなものです。そのため、採用率も高い傾向にあります。

また、社員からの紹介であれば、面接当日にドタキャンや選考中に音信不通になることも少ないといえます。

もう1つ、**優秀な社員の周りには、同じように優秀なタイプの求職者がいる可能性が高い**からです。「類は友を呼ぶ」ならぬ、「類は応募者を呼ぶ」のです。

そういう意味で、**社員の方々は会社のことを最も理解する、「究極のリクルーター」**といっても過言ではありません。

もちろん、大前提として「社員が知人や家族を紹介したくなる会社」でなければなりません。日頃から社員たちから愛される会社で、そのご家族や友人たちからも評判のよい会社でなければ、リファラル採用は実現しません。

リファラル採用の導入にあたっては、社員からの意見も取り入れ、社内体制の見直しや環境改善も行なっていくようにしましょう。

「リファラル採用」が倍速で結果を出す「リファラル紹介カード」

また、いくら優秀な社員たちでも、採用の広報活動のプロではありません。「いい人を紹介してよ」とお願いするだけではなかなかうまくいかないでしょう。

「この会社の将来のために知人や家族を紹介したい」という想いをサポートするツールを併せてつくることもおすすめします。

それが、119ページの「リファラル紹介カード」です。

いつでも財布や名刺入れに忍ばせられるように、名刺サイズで作成しています。

表には企業名やロゴ、キャッチコピーが入り、裏面には電話番号などの連絡先のほか、リクルートサイトにつながる二次元バーコードも配置しています。

さらに**社員の名前とともに「この紹介カードは当社従業員がぜひおすすめしたいと思う方にだけお渡しししています」と表記**します。

紹介したい人に出会った際に、1枚ずつ手渡ししてもらうようにしています。

「実際の反応はどうなのか？」「年間を通じてどれくらい紹介があるのか？」など、いろいろと気になると思います。

前述したようにリファラル採用は、社員の会社への想いが大きく影響されます。つまり、リファラル採用の盛り上がりは、既存社員の会社評価と連動しているのです。

採用の機会を通じて、今の社員たちにとっても「長く続けたい職場」と思ってもらえるような施策を生むことができれば、自然と社員からの紹介は増えていくでしょう。

100～300枚のリファラル紹介カードの配布で、1～3名の社員紹介を目指すのが目安となります。

また、**リファラル紹介カードには、社員以外に採用内定者に配布するのも効果的**です。**仕事を探される求職者の周りには、同じ状況の転職活動中の仲間が集まりやすい**ものです。

特に多いのは、同業他社への転職の場合、採用者から「僕の前職の同僚も転職に興味あ

リファラル紹介カード

おもて

心の底から
「働きたい」と思える
保育園に出会いませんか。

このカードは○△□保育園のスタッフが一緒に働くことができたらうれしいなと思う方に手渡ししているご紹介カードです。

○△□保育園の

がご紹介します。

○△□保育園を
一度、見学してみませんか。

○△□保育園

うら

Referral
Recruiting Card

スマホから簡単応募

ご紹介特典

紹介者がご入社された場合、
紹介した方・紹介された方の両方に、
QUOカード5,000円分をお渡しします。

○△□保育園
◇◇県◇◇市◇◇町0－0－0
000－999－9999
月曜～土曜　8:00～18:00
(日・祝日・年末年始を除く)

るみたいで……」と、紹介が発生するケースです。

転職というのは、家族や個人的な理由のほか、「今の会社の将来が不安で」ということも非常に多いです。

そのタイミングで同僚が転職したとなれば、自然と「ちょっと俺にも話、聞かせてくれよ」となります。

内定を出した後で、次のようなメッセージを伝え、カードを配布します。

「先日は面接ありがとうございました。ぜひ当社で働いていただきたく内定の通知を出させていただきました。ぜひ、入社へ向けた手続きを進めさせていただきたいです。また、もし周りのご友人やご家族で当社に興味がありそうな方がいれば、ぜひご紹介ください」

実際、応募者の方が「弟にも声をかけました」「友達が仕事を探していて……」と、追加で応募者を獲得するケースにもつながっています。

待つだけの採用からの脱却。応募数を「予測」する方法

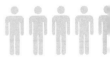

採用計画（採用スケジュール）について相談されることがあります。「実際にどれくらいの期間を想定すれば採用成功するのか？」「来月に新入社員を迎えるにはどれくらいの応募数を想定すればいいのか？」など、ある程度目安となる数字を知りたい方は多いです。

特に、毎月一定数の人員を募集し続けたい企業や、年間を通じて10名以上の入社を実現したい増員計画のある企業にとっては、採用コストの計算や適正値を予測したいと考えるのではないでしょうか。

そこで基本的な予測の立て方をお伝えしたいと思います。

1　応募からの採用率を割り出す

まず、基本となる考え方は応募からの「採用率」です。

採用率とは、何人目の応募者で採用が決定したかの目安です。例えば、10人の応募者の中から1名を採用決定した場合は、採用率は10％となります。

中小企業の場合、「ウチは応募がそもそも少ないから、応募者1名で1名採用だよ」といった実情もあるため、採用率の高さはそこまで気にする必要はありません。

ですが、**一般的には採用率は15～25％が目安**といわれています。**4～8人くらいで1名採用できれば、企業側も満足の高い採用という傾向**にあります。

このあたりの目安は過去の御社の採用実績から見えてくるでしょう。

前回の採用活動では結果として何名の応募者があって1名採用したのか。このデータを把握してみてください。

2 採用数と応募数の比率を割り出す

それができたら、次に採用数と応募数の比率を考えましょう。

例えば平均的に5名で1名の採用が実現できていた場合、2名採用したい場合は10名の応募者、3名の採用を実現したい場合は15名の応募者が必要になります。

あくまで目安ですが、この採用数と応募数の関係は体感としていつも考えるようにしましょう。

さらに、1名の応募者を獲得するのに求人広告を何人の人に閲覧してもらえばよいのかを調べます。

インターネットに求人広告を出稿した場合、「ページの閲覧数」や「クリック数」からこの数字を導くことができます。

仮に求人広告を1か月掲載して250クリックで5名の応募があった場合、1名あたり50クリック（50人の閲覧）で獲得したことになります。

例）求人広告を1か月掲載
月間250クリック÷5名の応募者＝1名あたり50クリック

つまり、おおよその目安として、1名の採用者を獲得したいなら250クリックが必要ということがわかります。あくまで目安ですので、実際には多少のズレは発生しますが、予測としては十分です。

インターネットのページ閲覧で、だいたい50人に求人を見てもらうと1名くらいの応募があって、250人くらいに求人を見てもらうと、だいたい1名採用できる。これくらいの感覚を過去の御社の採用実績から導いてみてください。

もし、過去のデータが乏しいようであれば、これからは求人広告を掲載した後にデータを収集するように意識づけしましょう。1名採用できるまでに何人の応募者が必要で、何人が求人広告を見たのか、データを取るように心がけましょう。

3 求人広告の予算を予測する

採用数と応募数の比率を割り出し目安にすることで、求人広告のおおよその予算も予測することができます。

先ほどの例でいうと、求人広告を1か月掲載して月間250クリックを獲得した求人メディアが、仮に1か月10万円の費用だった場合、1クリックあたり400円となります。

1クリック400円×50クリック＝1名あたりの応募単価は2万円
1クリック400円×50クリック×応募5人＝1名あたりの採用単価は10万円

ここから、応募単価2万円と採用単価10万円であると導き出すことができます。
さらに、5人のうち1名採用するところを2名採用できれば、一気に予算は半分になりますし、50クリックで1応募だったのを25クリックで1応募にできれば、さらに採用費を抑えることができます。

ただし実際には、時期やタイミングによって5人の応募者の傾向は変わりますので、あまり数値にばかり気を取られることなく、納得がいく採用ができるまで10名でも20名でも採用活動を続けてほしいとは思います。
とはいえ、今回のようにおおよその目安としての応募予測は事前に測定することができることをぜひ覚えておいてください。

もし今お使いの求人メディアの担当者から、「お得なキャンペーンのご案内ですよ」と提案を受けた際、なにがお得かよくわからないままに、求人広告に掲載するのではなく、「そのキャンペーンを使って、クリック数とクリック単価はどうなりますか？」とたずねてみてください。

先ほどの例でいえば、1名採用するのに250クリックが必要でしたから、仮にその求人メディアの月間クリック数が100クリックだった場合、採用者1名を生むのに2か月半（75日）ほどかかる予測になります。

獲得できるクリックの数の違いで、同じ1か月間、掲載したとしても、求人メディアそれぞれの効果の違いがわかってくるのです。

「あそこの求人メディアは3か月くらい掲載し続けて、ようやく採用できたよ〜」という会話を人事の間で聞くことはありませんか？　事前にクリック数や想定応募数を予測できれば、だいたいの採用の時期と予算も見えてくるのです。

ぜひ、「採用をコントロールしていくのは自分たちなんだ」という意識を持って取り組んでいきましょう。

採用マッチング度の高い「クリック」を集める方法

これまでお伝えしてきたことを実践していただければ、応募は着実に増えることでしょう。しかし、「応募は来るようになったけれど、欲しい応募者ではないんだよな……」という場合は、どうすればよいでしょうか。たとえ10人の応募者を得ても、その10人が御社の望まない採用像であったならば、結果的には採用は成功しないはずです。

そういう事態になっているのであれば、注目すべきは「どんな方々が求人原稿を閲覧したか」の傾向分析です。

例えば、300クリックを獲得して得た応募者も、20代の300人が見てくれた場合と、60代の300人が見てくれた場合とでは、応募者の顔ぶれはかなり変わってくるでしょう。

御社が求める人物像により多くクリックしてもらわなければ、採用のマッチング度は向上しません。

ではどうすればいいのでしょうか。

それは、ある程度のクリック数が取れるようになったら、採用したい人物像へ向けたアピール文に変えていくことです。

このとき大切なのは、「欲しい人物像」を具体的に思い浮かべ、彼らが転職においてなにを求め、どんな事柄や制度・待遇に興味や関心を持つかを知ることです。


例えば、若い世代であれば、業界の将来や入社して5年後、10年後に描ける未来のキャリアパスに関心が高いでしょう。

これから結婚をして子どもが生まれた後も、安心して家族を支えられる給料がもらえるのか、また子どもとの時間を持てる働き方ができるかといったことが気になるはずです。

一方50代、60代であれば、体力面を気にすることなく、安心して長く元気に働けることのほうが気になるかもしれません。

「休みが取りやすいので、趣味も楽しめますよ」とか「自分のペースで働けます」といったアピールが効果的かもしれません。

特によくある事例が、「20代と50代の応募は多いのに、30代の応募がまったく来ない」と悩むケースです。

これは、求人内容が30代の心をつかんでいない証拠でもあります。

その場合には、仮説でよいので30代の生活や家庭の様子を想像してみてください。

もしかしたら、結婚間近か、それともお子様が小さく家庭との両立を望んでいるのか、また今後の子育てにかかる学費を考えて収入面を重視した転職活動を考えているのか……いろいろな理由が考えられます。

想定される理由を解決できる、もしくは希望を叶えられる転職先として御社が選ばれていないから応募がないということがわかるはずです。

このように採用ターゲットに合わせた求人原稿の文言を整理して書き出し、それらを解決する文言をより多く盛り込むことができれば、クリックの傾向をコントロールすることが可能です。

前述しましたが、現代においては、検索アルゴリズムの精度も飛躍的に向上し、欲しい人物像に寄り添う求人原稿をつくり込むほど、検索マッチングも高まっていきます。

より精度の高い求人原稿をつくるために、**求める人物像と世代や環境が近いスタッフに、原稿の添削や意見をお願いするのもよい方法**です。

また、掲載した求人原稿から集まった応募者の人数や傾向をメモして、「どのキーワードを使うとどのような応募者が多くなるのか？」「どんなキーワードが効果的だったのか？」などの傾向を分析することも大切です。

これらの欲しい人物像のことを「ペルソナ」と呼びます。ペルソナの状態に合わせた原稿の作成や分析を行うのです。

ここでは、「採用したい人物はどんな環境や待遇を望んでいるのか？」をシンプルに考えてみてください。

極端なたとえですが、20代を求めているにもかかわらず、シニア層の応募ばかりくるのであれば、求人原稿の内容がシニア向けになってしまっているのかもしれません。的外れなアピールになっていないか？　今回の募集で求めている人材向けの求人原稿になっているかどうか？　社内でチェックしてみましょう。

PART

4

面接・内定・入社

面接のドタキャン、
早期退職は防げる

なぜ面接当日に来ない応募者がいるのか？

「せっかく応募があったんだけど、面接日に来ないんだよ」

いわゆる面接のドタキャン。いったい応募者はどのような心理で面接当日に現れないのかをお話ししましょう。

ほとんどの採用担当者は「応募しておいてなぜ来ない？」と不思議に思うはずです。「第一志望ではないにせよ、少なからず我が社に興味を抱いてくれたからこそ応募したのでは？」と、少々呆れぎみに不満を漏らす方も多いです。

しかし、応募者側の視点に立ってみると少し見え方が違ってきます。

一般的に、一度の転職期間中に応募する企業の数は、平均して8社程度といわれています。

求職者の多くは、無職よりも就業中の転職活動の場合が多く、仕事の空き時間や移動中、終業後の夜の時間帯などに求人を検索します。

自分が少しでも気になった求人をブックマークし、その中から応募先を決めます。

「数ある求人原稿の中から、御社を選んで応募してきた」というよりも、「いくつか興味のある求人をブックマークした。話を聞いてみようと応募してみた」という状態です。

あなたの会社と同時期に「8社の企業にも応募している」と考えるのが自然です。

いわずもがな、転職とは、非常に重要な人生の分岐点です。

だからこそ、応募したら面接に来るものだろうと考える方も多いでしょう。ですが、実際には「応募した企業の面接に来場させるためのフォロー」が必要です。

応募者の熱を冷めさせない仕掛けがいるのです。

応募から面接に誘導するための「初動対応」が非常に重要になってきます。

面接のドタキャンを無くすための「初期対応」

では、具体的にどのような取り組みが必要なのでしょうか？

効果的なのが「応募後の最初の連絡を30分以内に行う」ことです。30分以内が難しいとしても、遅くとも1時間以内には連絡するようにしましょう。

各求人メディアには、求職者が応募した瞬間に自動で「応募完了メール」または「応募のお礼メール」を送ってくれる機能があります。

しかし、そうしたメールの返信機能だけではなく、**メールと電話の両方で連絡**するよう心がけてください。

「ご応募ありがとうございました」といった定型文をメール送信するケースもあるでしょう。

応募者からすれば、複数の企業に同じようにエントリーしているわけですから、同じような文面のメールが次々にメールフォルダに並びます。つまり、お礼メールが埋もれてしまう可能性があります。

応募者の御社に対する興味や関心が冷めないうちに、メールと電話の両方で連絡しておくことが重要です。

応募があれば、自分の携帯電話に通知が来たり、メールが自動転送されたりするよう設定しておくといいでしょう。

また、電話をかける時間帯ですが、朝の出勤時間帯、12～13時のお昼の時間帯、退勤後の18時以降の3つの時間帯にかけるようにしましょう。

最近ではメールと電話のほか、応募者の携帯電話番号で発信できるショートメールに連絡するのも有効です。

若い世代では、電話帳に登録がない番号は出ないケースが多いです。電話に出なかった場合、ショートメールで「先ほど電話した●●会社の××です。またこの番号でお電話いたします」と一報入れておくとより丁寧です。

「応募してみたい会社」から「面接に行ってみたい会社」にシフトさせる動きをしましょう。「面接」のドタキャンを無くすには、初動対応が重要です。

事例

面接のドタキャン対策を万全にし、採用に成功した10坪の居酒屋

首都圏のオフィス街にある、10坪ほどの居酒屋の事例です。

地域密着型の個人店として営業を続けていましたが、2店舗を出すのに合わせ、採用を行うことにしたのです。

今までは常連のお客様や自身の知り合いで人材を確保してきたため、本格的な採用活動は初めての経験でした。

1年間、地元の求人誌などに掲載し、広告費は3か月で20万円以上かけたものの、採用は失敗……。困り果てているところに私に相談依頼がありました。

さまざまなコンセプトの魅力的な店が連なる都市部の立地であり、求人の差別化は困難な状況でした。さらに「個人店だから時給もそこまで上げられない」ということで、条件面でも不利です。

そこで私は、細かく仕事内容を聞きました。すると、「季節のメニューにこだわっている」ことがわかったのです。

市場で仕入れてきた旬の食材を使って、スタッフみんなでまかないがわりに新メニューを試食する「試食会」が定期的に開催されていたのです。そこで、単に「美味しいまかないあり」と書くのではなく、求人広告に「まかないレポート」と題して細かくまかないの美味しさを伝えたのです。

初めての採用ということもあり、応募から面談でフェードアウトされないように、**「応募が来たらすぐに連絡すること」「面接日の前日には応募者の方に電話をしてリマインドすること」など、ドタキャン対策**も万全に行いました。

電話での応募者とのやりとりは簡単な会話ではありましたが、お店の雰囲気やまかないのことなど、ちょっとしたお店の情報を伝えることで、応募者の興味や関心を広げることを心がけました。

結果は3か月で広告費5万円の予算をかけ、合計14人の応募を獲得。**うち2人を採用**することができました。

内定辞退を防ぐために、面接前に応募者の「現状・不安・願望」を知ろう

面接は「選考の場」だと考える採用担当者も多いですが、大量の応募者から1名に絞っていく選考スタイルは、中小企業の現場ではほとんどありません。

逆に「すごく魅力的な応募者が来たのに、内定を辞退されてしまった」といったケースのほうが多いのではないでしょうか。そういったケースを減らすために、面接の場は応募者に寄り添う内容でなければなりません。

よくあるのが「前職と同じ給与や働き方ができるので安心ですよ」と応募者に伝えることです。

もちろん前職と同条件を希望する転職者はいるかと思いますが、もうちょっとだけ応募者の目線に立ってみましょう。目の前の応募者は、今回の転職を機に給与や働き方を変えたいと考えているかもしれません。

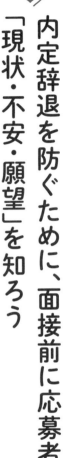

応募者の気持ちや希望を推し量るために大切なのは、「現状、不安、願望」を知ることです。

▼現状……どんな働き方や収入で働いているのか。今回、なぜ転職したいのか
▼不安……転職に際しての心配事、転職によって解決したいことはなにか
▼願望……転職で実現したい夢や希望条件はなにか

この3つの視点を考えながら選考を進めましょう。

応募者の不安を解消できる、もしくは願望を叶えることができるならば、応募者が御社を選ぶ確率はグッと上がります。

また、今すぐには難しい内容であっても、その願いを叶えるために会社として動く意思表示をするだけでも、応募者の印象はよくなります。

「現状、不安、願望」を知り、その中で御社がどのような提案をし「あなたにぜひ、うちで働いてほしい」というべきかが見えてくるはずです。

自分の知りたい情報がわかり、自分の思いに合致する会社だとわかれば、応募者は俄然御社に興味を持つでしょう。選考中の途中離脱や内定辞退を防ぐことができます。

3つのポイントは、面接前、応募がきた後のメールや電話といったファーストコンタクトの時点から確認するのがベストです。

「私たちは、あなたの抱えている思いをキャッチアップして、そのうえで選考しますよ」といった姿勢をきちんと伝えるだけで、応募者の印象に残り、辞退率は大幅に減らせます。

例えば、次のような言葉をメールに添えてみるのです。

▼「**転職をお考えになったきっかけはなんですか？**」→（現状）
▼「**今回の転職で解決したい不安はなんですか**」→（不安）
▼「**この転職であなたが叶えたい夢はありますか？**」→（願望）

ぜひ試してみてください。

内定辞退を防ぐために、面接で「過去」ではなく「未来」を語らせよう

内定辞退を防ぐひと工夫として、「面接で応募者になにを話してもらうか？」も重要なポイントになります。

職歴、学歴、学生時代にやったことなど……、面接ではどうしても過去の話題ばかりになりがちです。

企業としては、これまでの経緯や実績などが気になると思いますが、採用においては「これまで」より「これから」の話を忘れてはなりません。むしろ、未来の話のほうが重要です。

なぜなら、前述したように応募者は一人ひとり必ず希望や目的があって転職しています。前職でいくら輝かしい実績がある方でも、転職活動をしているということは、現状を変えたいと思う「なにか」があるからです。

前職を辞めようと決意した真意を理解しないと、また離職することにもなりかねません。

応募者には「これからこの会社でどんなふうに働きたいのか？」を話してもらうようにしましょう。

例えば、同業界・同業種へ転職を考える求職者の中には、人間関係や上司との相性が悪いことが転職のキッカケというケースは意外とあります。

そのような場合、今回の転職でなにより重視することは、仕事の内容というよりは「上司との相性」や「同僚の顔ぶれ」でしょう。

面接は、面接官や社長と会議室で行うのが一般的かと思いますが、そのようなケースでは、**面接が終わってから短くてもいいので、応募者に会社見学をしてもらう**と喜ばれます。職場の雰囲気を知ってもらうことで、より一層御社に興味を持つことでしょう。**二次面接があるならば、「次の面接では、実際に配属されるチームの上長と話をしてみませんか？」というアプローチも効果的**です。

過去の実績はもちろん評価しつつ、その中で応募者が抱えてきた不安や夢をしっかりとキャッチアップする。そして、御社はそれらを解決したり叶えたりしてくれる会社だと思ってもらえれば、内定後の離脱は減り、入社までスムーズに進行するでしょう。

ところで、**面接は、可能な限り2人体制**で行うことをおすすめします。その理由は、応募者にリラックスして話してもらうためです。

初めての場所、しかも面接の場、初対面の相手との一対一の会話。そのような状況は誰でも緊張してしまうでしょう。その中で、応募者の本音を聞き出すのは至難の技です。

1人目がメインで進行役となり、2人目の方は合間に質問しましょう。ただ隣に座っているだけでも構いません。

もし可能ならば、一対一にしないことが重要です。**立場や年齢、性別が異なる2人のほうが、さまざまな話を引き出しやすくなる**と思います。

応募者の世代などに合わせて組み合わせを考えてもいいですね。

面接後は、面接官同士で当日の振り返りを行いましょう。

質問シートにはないけれどその場で思いついて聞いたこと、応募者の反応がよかった質問、お互いの面接を見て感じたことなどを共有することで、面接や質問シートの精度はどんどん上がっていくはずです。

面接担当者は「選考」してはいけない

一部の大手企業や有名企業を除き、ほとんどの会社は採用で苦戦しています。「複数の応募者の中から自社にマッチする人材を選ぶこと」を採用だと思っているうちは、いつまで経っても採用に成功しないでしょう。

応募者の多くは、御社のほかにも複数の企業に応募しています。第一志望か第二志望かではなく、「この会社、少し興味があるから話を聞いてみようかな」といった意識でしかないのです。

つまり、選考するのではなく「応募した複数の企業の中で一番興味が湧いた1社」を目指すべきなのです。

たくさんの求人原稿の中から「応募してみようかな」と思われる1社になり、面接を終えた後は、「この会社に入社してみたいかも」と感じさせる1社になる。それが今の時代の採用のあり方です。

最終的に内定を出すか出さないかは、御社に選択権があります。ただ、求職者側の気持ちが御社に向いていない状態で内定を出しても、辞退されるか入社後の早期離職を生むだけです。

応募から採用まで、どれだけ応募者の興味や関心を継続させることができるか。あるいは、自社で働く魅力をどうしたら感じてもらえるか——。**採用の場での情報発信を、私は「採用広報力」と呼んでいます。**「選考」ではなく、採用の意識の切り替えが求められています。

この**採用広報力を最大限に発揮できるのが面接の場です。「応募者を選考する場」ではなく、「応募者が御社で働きたいという意欲を高める場」**と考えましょう。限られた時間ではありますが、応募者がどんな思いで応募してくれたのかを確認しながら、その応募者が御社で実現できることを丁寧に伝えられると、よりいいですね。現状、不安、願望という3つの視点に意識し、面接を行いましょう。

「採用広報力」を高めるには、応募してくださった方全員に感謝と誠意ある対応をするべきなのはいうまでもありません。

面接のために御社を訪れた応募者には、社員の挨拶を徹底するだけでも印象は大きく変わります。

面接会場に、会議室を利用される企業が多いと思いますが、室内に積み上がったままの段ボールなどはありませんか？　これを片付けて部屋をスッキリ見せるだけでも、ずいぶん御社の印象は変わるはずです。

ちなみに、当社の顧問先でも、面接を会議室で行った場合と、ソファーのある応接室で行った場合では、面接後の辞退率に大きな違いが出ました。**応接室で行ったほうが、辞退率が少なかった**のです。

職場の掃除と雰囲気づくり。この2つにもぜひ意識を向けてみてください。

「応募者を選考」するという意識から変えてください。応募者から「選ばれる企業」になること。それが先決です。「採用広報力」を高めることから始めましょう。

書類選考はしない

「面接担当者は選考しない」というお話しをしましたが、「書類選考」をやめることもおすすめします。

100人以上の応募があるような大企業の場合は書類選考をしたほうがいいでしょう。しかし、御社が、応募があまりない中で採用率を上げたいと考えているなら、書類選考に重きを置かず、応募者全員に面接を行ったほうが、最終的にはよい採用ができます。

そもそも、履歴書に書かれた、職務経歴書の内容だけで、その人を判断するのは難しいです。**それほど応募者が多くない状況では、とにかく一度会ってみることが大切**です。さらにいえば、履歴書を見るのは面接後だっていいのです。

当社の統計的なデータによると、面接の機会を多くした企業ほど採用率や採用数が上が

ることがわかっています。

応募者の中には、明らかに選考基準に満たないような人もいるかもしれません。「そのような応募者に時間をかけられない」と思うかもしれませんが、とにかく30分なり1時間なり、1度直接お会いしてみましょう。

なぜ、転職活動をしているのか、求人原稿のどこが気になって応募したのか、当社にはどんな期待や興味を持っているのかなど……。それらを聞くだけでも、**世間的に御社がどのような会社だと思われているのかがよくわかります。**

今まで書類選考で落としていた人であっても、実際に会ってみたら、なかなかよい人材だったというケースもあります。

また、面接の機会を1名でも多くつくることで、採用担当者の面接スキルが上がります。**いろいろなタイプの応募者と話をすることで、「こういう人は想定してなかったが、もしかしたらウチの会社に合うかもしれない」と採用の新しい可能性に気づきが生まれることもあります。**

少し話が逸れますが、実際にすべての応募者を面接して採用率をアップさせた企業の採用担当者に話を聞いてみると、「履歴書を上手に書く人が一番魅力的な応募者とは限らない」と言っています。

真面目に1社に長く勤め続け、これまで転職活動をしたことがない方なら、人生で履歴書を書く機会は圧倒的に少ないですよね。めったに書かない書類を上手につくれるわけはないのです。逆に頻繁に転職を繰り返す人ほど、履歴書を書くのが上手かもしれません。

このように、履歴書の印象だけで不採用にしてしまうのは、かなりもったいないです。

とはいえ、履歴書がなんの役にも立たないというわけではありません。

例えば、履歴書がくしゃくしゃだったり角が折れていたり、内容があまりにも適当に書かれていたりすると、入社後に大事な仕事を任せるには一抹の不安が生まれるでしょう。そうした判断の材料の1つにはなると思います。

ただ前述したように、ほとんどの応募者は履歴書だけで人となりを判断するのは難しいです。少し手間はかかりますが、面接で一人ひとりと直接話をしたほうがいい人材に出会えて採用数を増やせることは、実際の現場で明らかになっています。

「書類選考なし、全員面接」を、ぜひ取り入れてみてください。

面接が上手な応募者は採用してはいけない

面接でうまく話せる人は好感触。

そう思っていませんか？

履歴書を書くのがうまい応募者と同様、面接がうまい応募者も安易に採用するのは危険です。


理由は2つあります。

転職活動が長かったり、短いスパンで転職を繰り返したりする方は、面接の経験が豊富です。

経験を積めば積むほど、面接での受け答えはうまくなっていることでしょう。「面接慣れ」をしている応募者といえます。

一方、1社に長く勤めていた人は、面接の機会は少なく、簡単にいえば面接に慣れていません。

「長く真面目に働いてくれる人が欲しい」と希望する企業はとても多いです。にもかかわらず、面接での応募者の印象にばかり気を取られてしまうのは、もったいないと思いませんか？

2つ目の理由は、面接のスキルは、普段の仕事ではあまり使われることのないスキルだからです。

初対面の相手に、自分の魅力を語り合否を勝ち取る。いわゆるプレゼンテーション能力ですが、御社が求人している業務で必要なスキルでしょうか？

例えば、事務職などでは自分語りがうまい必要はないですし、どちらかといえばExcelのスキルのほうが選考ポイントになるはずです。

営業職や接客業においても、どちらかといえば自分が話すスキルよりもお客様の話を「聞くスキル」が求められます。

つまり、面接のうまさはその後の仕事にはあまり意味をなさない場合が多いのです。

自分のことを話すのがあまり上手ではなさそう、声は小さくて会話も弾まない。

そんな応募者を目の当たりにして、瞬間的に「こりゃダメだ……」と思ってしまうかもしれません。

しかし、実はそんな応募者こそ入社後に大いに活躍してくれる人材かもしれないのです。

会社見学で、応募者の入社意欲を高めさせる

人手不足が慢性的な今の時代、採用で必要なのは「採用広報力」とお伝えしてきました。目指すのは「他社ではなく、この会社で働きたい」という、御社のファンを増やすことです。

一般的に、**求職者は1回の転職期間中、平均8社に応募する**といわれています。応募者にとって最も印象に残る1社になれるかどうかが重要です。

応募者に好印象を持ってもらうために、先ほども述べましたが、面接とは別に「会社見学会」をおすすめしています。

繰り返しになりますが、人は、五感の2つ以上の感覚が合わさると印象に残りやすいといわれています。

例えば、ただエビフライの写真を眺めるよりも、揚げている音（聴覚）と視覚の2つの五感が合わさるほうが、エビフライは美味しそうに感じるでしょう。

そういった意味で会社見学は、応募者に御社の魅力を五感で体験してもらえる絶好の機会です。

15分程度でいいので、面接の後に、会社見学の時間を設けましょう。

例えば、実際に働くことになるオフィスに行き、職場の雰囲気を感じてもらうだけでもいいです。**「今回の新入社員さんはこちらに座っていただきます」と、空いている机まで案内してもいい**でしょう。

また、会社の製品やサービスに触れてみるのもいいでしょう。もし**飲食店であれば、名物のメニューを食べてもらうのもよい**です。

もし会社のルール上、**見学できない場所があれば、動画で見せる**という方法もあります。

こうした「体験」が、ほかの会社と比較し、最終的に1社に絞っていく際に、応募者の気持ちに作用します。

採用で悩んでいたある企業は「なんとか自社を印象づけたい」と、面接後に、応募者に自社の社員食堂で食べてもらうようにしました。すると内定率が上がった話もあります。そこの社食はとても美味しいので、おそらく「家で自炊するより美味しいご飯が食べられそう」「会社で一食まかなえたら、食費が浮くな」といった、実際に入社した後のイメージが浮かんだのではないでしょうか。

また、**食堂にいる先輩の様子や話し声を目や耳から感じたり、食事の匂いや味を感じたりしたことで、その会社の印象がしっかり刻み込まれた**のだと思います。

求人では、文字や写真で御社の情報を伝えます。

会社見学では、「どんな場所で仕事しているのだろう?」「ほかにはどんな人たちが働いているのかな?」といった、応募者の疑問や好奇心を満たせるといいでしょう。

面接後の会社見学は、子どもの頃に行った社会科見学のようなイメージです。

教科書を眺めるよりも、実際に工場に行って働いている人たちを見たり、つくりたての商品を試食させてもらったりすることで、とてもワクワクした体験ができたのではないでしょうか。

私は数多くの企業を支援する中で、さまざまな仕事の現場を見せてもらってきました。**皆さんにとっては当たり前すぎる、日常の仕事風景かもしれませんが、知らない人からするととても興味深く、面白い世界**に映ります。

「会社見学会をするのは、新卒者に対してだけじゃないの?」と思う方もいらっしゃるかもしれません。ですが、それは10年ほど前までの話です。最近は、新卒者だけでなく、中途採用者でも、会社見学会や会社説明会を開催することが少なくありません。

最初は、ただ社内を一周見て回るだけでもいいでしょう。そのうち、応募者が御社のファンになってくれるような、会社見学会を考えてみてください。

52「自社の魅力を面接で伝えるテクニック「働く動機」

面接では過去を聞かずに未来を語らせて、面接後には会社見学会をすることで、応募者の「働きたいという意欲」を高めることに取り組んでください。これだけでも採用率は驚くほど高まります。

さらに、応募者の働く動機を把握し、御社が自社の魅力を狙い撃ちでアピールできれば、採用力はもっとアップします。

「人間関係がよいところで働きたい」
「スキルを身につけたい」
「収入を上げたい」

人が働く動機には、いくつもの種類があります。

たった1つだけの理由で、職業や勤務先を選ぶ方もいるかもしれませんが、多くの人は、収入や働きやすさ、そのほかの条件面など、複数の理由を検討しながら、働く会社を選んでいます。

長年、採用業界で企業への指導を続けるにあたり、人の働く動機には52の心理（視点）があることがわかってきました。心理というと少し難しい印象を与えてしまうかもしれませんが、人には52個も働く動機があるということです。

162ページをご覧ください。

わかりやすい項目でいえば、「(7) 評価（社会的評価・自己評価・査定）」は、従業員として正当に評価されることを望んでいる心理です。

また「(8) 社会貢献（奉仕・企業の社会的価値）」は、個人でなく会社として、つまり世の中に必要とされている（評価されている）会社で働きたい心理となります。

4つの軸でいう条件面を重視する心理として「(13) 収入（いくら欲しい、その理由）」や「(14) 待遇（制度・体制・環境・雰囲気）」も理解しやすいでしょう。

また、「(19) 交友関係（友人・同僚・お客様）」は、人との関わりを重視する心理です。前職では人間関係で悩まされたり、うまく同僚とコミュニケーションを取れなかったりした求職者にとっては、次の職場を選ぶうえでは給与や待遇面よりも重視するポイントになるでしょう。

少しわかりにくい項目でいえば、「(2) 趣味（気分転換・ハマっていること・資格・特技）」かもしれませんね。「採用にどう関係してくるの？」と思われる方もいらっしゃるかと思います。

仕事も大事だけどそれ以上に私生活に重きを置く人も非常に多い時代です。一人旅やアイドルのコンサートなど、ときには長期休暇を取得してまで、趣味の時間が欲しいと願う方もいるでしょう。

そんな方にとっては「有給休暇を取りやすい会社か」、それとも「休みをなかなか言い出しづらい会社か」は気になるポイントになります。

やる気も経験もあり、ぜひ採用したい人材なのに、有給休暇を取りづらいという理由だけで、さらにいえば、年に一度の推しのアイドルのライブコンサートに行けないというだ

働く動機となる52の心理(視点)

興味(関心ごと)

(1)流行(話題の情報・若者の流行・関心の度合い)
(2)趣味(気分転換・ハマっていること・資格・特技)
(3)テクノロジー(PC環境・ネットリテラシー)
(4)グルメ(食への嗜向・日々の食事・酒)
(5)ギャンブル(頻度・種類)
(6)好奇心(世の中への興味範囲・広さ&深さ)
(7)評価(社会的評価・自己評価・査定)
(8)社会貢献(奉仕・企業の社会的価値)
(9)美的追求(美しいものが好き・創り出したい)
(10)創造(新しいものや考え方)
(11)興味・関心のないこと

望み(目的・目標・希望)

(12)将来への希望(なりたい自分・やりたいこと・夢・目標)
(13)収入(いくら欲しい、その理由)
(14)待遇(制度・体制・環境・雰囲気)
(15)仕事(仕事内容・役割)
(16)名誉(ポジション・役職・立ち位置・出世・優越)
(17)達成(乗り越えたい壁・挑戦したいこと)
(18)安全(企業の安心・仕事の安心)

関わり(人・モノ・組織)

(19)交友関係(友人・同僚・お客様)
(20)テリトリー(自分のペース・整理整頓・パーソナルスペース)
(21)他者理解(他者への関心・信頼・距離感)
(22)秩序(ルールへの関心・向き合い方)
(23)集団貢献度(組織への貢献意欲・チーム内のポジション)
(24)教授(教えたい気持ち・伝えたい欲求)

(25)服従(立ち位置)

(26)優位(支配性)

(27)自律(行動性・独自性)

(28)愛情(優しさ・仲間との接し方)

(29)企業との関係性(防衛欲求)

■■■ メンタル(内面性・想い) ■■■

(30)苦悩(私生活の悩み・個人的問題・仕事上のトラウマ体験・避けたいこと)

(31)口癖(仕事or私生活)

(32)承認(認められたい)

(33)競争(上昇志向・ライバル)

(34)持続(継続性・計画性)

(35)自己主張(積極的・消極的)

(36)ストレス(体力的ストレス・心理的ストレス)

(37)思考(物事の考え方・決断)

(38)回避(他者からの批判・業務)

(39)ネガティブ(悲しいこと・落ち込むこと・不安なこと)

(40)ポジティブ(うれしいこと・笑顔になる瞬間)

■■■ スタイル(働き方・生き方) ■■■

(41)時間(勤務時間・時間帯)

(42)休日(プライベートの過ごし方・仕事休憩中の過ごし方)

(43)仕事観(大切にしている・快感・うれしい・楽しみ・向き合い方)

(44)ライフスタイル(働くペース・生活スタイル)

(45)能力の活かし方(自己能力の気づき・自慢・不満)

(46)知識(学習・知識欲)

(47)刺激(冒険性・危険性・ワクワク)

(48)仕事環境(場所・設備・文化)

(49)多様性(仕事の幅・発展性)

(50)アクティブ(体を動かす)

(51)仕事道具(こだわり・品質)

(52)前職(選んだ理由・好きなところ・嫌いなところ)

けで、採用を辞退されてしまうのは、もったいないです。求職者の趣味に目を向けることで、その趣味を会社の制度面でサポートして、採用の可能性を広げていくことができます。

このように、52の働く動機づけを一つひとつ検証していくことで、御社に応募するきっかけを増やすこともできます。なにより**入社の動機づけを増やすことにもつながります。**これは採用にとどまらず、**既存のスタッフの定着率を上げることにもつながります。**

御社が52個すべての項目に該当すれば、採用に困ることのない最強の会社でしょう。しかし、現実的に全部を満たす会社はありません。

まずは、自分たちの会社にとって当てはまる項目を探し出してみてください。

探し出した項目は御社の魅力そのものです。

面接の場で求職者に必ず伝えてください。もちろん、求人原稿にも盛り込みましょう。

「(20) テリトリー(自分のペース・整理整頓・パーソナルスペース)」は、働く社員の机まわりや仕事場のスペースは十分なのか、また新しく採用するスタッフの机や個人ロッカーはきちんと準備できているか、とシンプルに捉えて、確認するだけでも構いません。難しく考えすぎずに、ぜひそれぞれの項目を今一度、考えてみてください。

「(42) 休日（プライベートの過ごし方・仕事休憩中の過ごし方）」という、御社の魅力を面接で伝えるのであれば、「弊社は、休日はちゃんとありますよ」ではなく、「有給休暇取得率は何パーセントなのか」「社員は休憩時間をどう過ごし、リフレッシュしているか」を調べておきましょう。

求職者の求める心理を把握することで、「社員が会社になにを求めているか」、また「なにをして欲しくないか」の理解が進みます。**新規の採用だけではなく、既存社員の離職防止にも効果を発揮**します。

社員の働く心理を知ることは、採用にとって大きな一手となります。ぜひ、この52の項目を活用し、面接で自社の魅力を存分に伝えてください。

そして、自社の求人原稿と照らし合わせて、魅力をきちんとアピールできているか、再確認してみましょう。

意外と多い辞退理由「家族に反対された」を解消する方法

応募から面接まで順調に進み、「いい人材を採用できそうだ……」と、内定通知を応募者に送ったところ、思わぬ理由で辞退されてしまった、ということがあります。その理由の1つが、「家族・パートナーから反対されたから」というもの。

応募した職種がこれまでと違うものだったり、給与面や待遇面に不安があったり、さらには「夫（妻・息子・娘）はこの仕事に向いていないはず」と判断され、入社前の最後の最後になって、ご家族からの反対を受けて断念されてしまうのです。

応募者本人も採用する会社側も、いい採用になったと思っていたところへ、ご本人から泣く泣く辞退の連絡……。これはとても悲しい現実です。

つくづく「就職や転職はご本人と会社だけの話ではないのだな」と感じます。あらためていうまでもないことですが、**ご家族・パートナーの理解を得ることはとても大切**なことなのです。

そこで、ぜひ準備していただきたいのが、ご家族の方へ向けた「手紙」です。会社パンフレットとは別に、**ご家族の方々に渡す手紙を用意してみましょう。**

タイトルはズバリ「ご家族の皆様へ」。便箋1枚に、今回の採用において、応募していただいた感謝の気持ちを書いた手紙を、応募者に持ち帰ってもらってください。

このような手法は、実際にさまざまな企業で、形を変えながら導入されています。

肉筆の手紙という形式から、会社パンフレットのようなものにして、現在働かれている社員とそのご家族とのインタビュー記事を掲載したり、「よくいただく質問」として応募者やそのご家族が抱きがちな質問に一問一答で答える記事をまとめたりもします。

面接の最後に、「ご家族の方と一緒に読んでください。今回はありがとうございました」と、お渡しするようにしましょう。

次のページでは、私が関わらせていただいているタクシー業界で導入したサンプルをご紹介します。これは感謝の手紙型ではなく、会社パンフレットに近い形です。

株式会社○△□の人事部より

ご家族の皆様へ。

人事部より
メッセージ

転職をご心配されるご家族の皆様に、ぜひこのお手紙をお渡しください。

この度は株式会社○△□のタクシー乗務員募集にご応募いただきありがとうございます。面談や会社説明会の場では、応募者ご本人様ともじっくりお話をさせていただく機会を得ましたが、ご家族様・パートナーの皆様におかれましては、直接お話しできない分、さまざまな不安や疑問もあるかと存じます。

そこで、ご家族様から寄せられる質問の中から一部ではありますが抜粋し、紙面にはなりますが、「人事部よりメッセージ」を作成いたしました。その他、ご転職にあたり質問などございましたら、いつでも当社の採用担当者にご連絡いただければうれしく思います。

収入面が
不安です。

お答えします！

歩合制という点に不安に思われるご家族の方もいらっしゃいますが、ご本人のがんばり次第で収入を上げることができます。ご希望に応じた収入を得るための勤務シフトや、体に無理のない働き方など、ご要望に応じて調整可能です。会社の都合や会社の業績ではなく、個人のがんばりで給与を上げることができるのが、株式会社○△□のタクシードライバーの魅力です。

リアルな給与を赤裸々にお伝えします。

直近1年以内にご入社された新人ドライバーさんの平均給与

月収　●●●,●●● 円

当社でご活躍いただくタクシードライバーさんの平均給与

月収　◆◆◆,◆◆◆ 円

防犯対策や
安全面が
心配です。

お答えします！

どんなお客様が乗車されるか心配な声も寄せられますが、日中は病院に通院されるご高齢者の方々のお迎えや、観光に訪れるお客様の送迎が中心です。普段から基本的な接客ができていれば、大きなトラブルになることはまずありません。逆にお客様から「ありがとう」「またよろしくね」とお声掛けいただくことも多く、1日に何回も感謝のお言葉をいただける仕事として、驚かれる新人ドライバーさんも多いんです。

健康面にも無理なく、安心して元気に働ける環境です！

前職では朝早くに出勤して、帰りはいつも終電ギリギリ。休日も返上して働くのが当たり前の方も、当社に転職後、今ではイキイキと人生を楽しまれています。タクシードライバーは、乗務後にしっかりと休息を取ることが法律で決まっています。安全な運行を管理するために、しっかり休むことも大切な仕事ですので、ご安心ください。

当社にご転職された
ドライバーさんの声をご紹介します！

面倒な上司や同僚から解放されて
これからは個人で気楽に働きませんか！

〇〇〇営業所　所長／趣味：釣り歴20年、愛犬の散歩

子育てで長いブランクがありましたが
すぐに不安も消えて毎日が楽しいです！

△△△営業所　Aさん／趣味：カラオケ・旅行

推しライブには必ず休みを取れるので
もっと早く転職すればよかったです！

□□□営業所　Bさん／趣味：推しのライブツアー

転職についてのご質問や相談などお気軽にご連絡ください。

株式会社〇△□

平日9:00〜17:00／人事部◇◇まで

000−999−9999

異業種からの転職者の多いタクシー業界では、収入面や安全対策への不安など、ご家族からの反対も多い業界です。

このような「手紙」を渡す取り組みを続けることで、**内定後の辞退率を減らしています。**

当たり前のことではありますが、応募者の背景には、必ず家族がいらっしゃいます。その家族にも安心してもらうことが採用を成功させる大切なカギになるのです。

サンプルでお見せしたような、ここまでしっかりしたものをつくらなくても構いません。まずは便箋1枚のお手紙から始めてみましょう。

数ある企業の中から選んで応募してくれて、面接に出向いてくれた感謝の気持ちが伝われば、まずはよいのです。

採用者も含めて、応募者全員が「企業のクチコミユーザー」

クチコミといえば、グルメサイトやネット通販で参考にすることが多いのではないでしょうか。

最近では、就活や求人サイトのクチコミ機能も増えています。求人内容だけで応募を決めずに、クチコミに目を通してから応募を決める求職者も多くなりました。

リアルなクチコミは、お金をかけてつくられた広告よりも影響力を持つことがあります。

indeedやgoogleマップなど、クチコミ機能を実装する代表的なサービスがいくつかあります。

ぜひこの機会に、御社のクチコミが書かれているクチコミサービスや求人メディアを見つけて、対策を講じてみてください。

質問コメントに真摯に回答するだけでも、企業の印象はよくなります。

一般的に求人業界でクチコミの改善に力を入れた場合、**応募効果が1・3〜1・6倍まで高まる**といわれています。

就活や求人サイトだけでなく、SNSや人伝てのクチコミもあなどれません。面接に訪れた1人の応募者が、その後、親や友人、同僚に面接の感想を口にすることもあるでしょう。

応募者へのメールや電話の対応、面接に来た方々への当日の対応や質問内容など、採用活動を継続するほどにどんどんクチコミは広がっていくと思ってください。

選考を辞退した方、不採用にした方とは、御社との直接の関わりはそこで終わりますが、その後はクチコミの発信者になりうるのです。また、応募者でなくなった後、将来的に御社のお客様になる可能性もあります。ですから、対応には十分注意しましょう。

少しひねったアイデアですが、面接に来た応募者全員にお礼として会社のオリジナルグッズを渡すといったアプローチもいいですね。

それともう1つ、クチコミも求人と同じく「待ち」のスタンスでいる必要はありません。例えば、**面接に来た応募者には、「よろしければクチコミを書いていただけませんか?」と、企業側から積極的にクチコミをお願いする**のも一案です。

その際は、**匿名投稿でいいこと、御社や今日の面接などについて忌憚のない意見が欲しいことなども添えておく**といいでしょう。

2023年以降は特に、クチコミに注力する企業が増えてきたように感じています。

御社もぜひこの流れに乗って、クチコミの力で「採用広報力」を高めていってください。

早期離職を防ぐための「7つのチェックポイント」

晴れて入社の日を迎え、採用担当者としてはホッと一息つきたいところでしょう。

しかし、せっかく入社となっても、早期離職となれば、振り出しに戻ることになります。

ぜひとも避けたいですね。

「入社してみたけれど、自分が思っていた業務内容と違った」

「社風や職場環境が合わなかった」

早期離職が起きる理由は、この2つが多いです。

ここまでご紹介してきたような求人原稿をつくり、面接を行い、会社見学会を実践していただいていれば、採用ミスマッチはほぼないはずです。入社前と入社後のイメージのギャップは少ないでしょう。

本書の内容を取り組んでいただければ、早期離職のリスクはまずありません。

ただ、採用担当者から受ける印象と、入社後にあらためて配属先で受ける印象には、イメージのギャップが起こりうることも想定されます。

そこで、入社後に早期離職につながらないよう、注意してフォローしていくようにしましょう。

面接では丁寧に時間をかけて話を聞いてくれたり、業務や職場について説明してくれたりしたのに、入社後は誰もフォローしてくれないとなれば、せっかくの働く意欲も冷めてしまいかねません。

さて、「フォローアップ」のタイミングですが、離職を誘発しやすい、次の時期に実施するのがいいでしょう。

① 入社前日
② 入社初日（午前と午後）

③　入社3日後
④　最初の週明けの月曜日
⑤　入社2週目
⑥　入社1か月目
⑦　入社3か月目

このタイミングに、**採用担当者として、30分程度でも構いませんので、面談の機会を設けてください。**

「実際に仕事をしてみて楽しんで続けられそうか」「配属先の同僚とはうまく関係を築けそうか」など、本人から話を聞いてみましょう。

面談そのものを現場の上長に一任してもいいですが、入社3日後くらいまでは、採用担当者からも声をかけるようにしてください。

話を聞くだけでも、本人は安心しますし、必要に応じて研修体制や配属先の環境を改善していくといいです。

私たちは、この離職を決断しやすいタイミングを「魔の7地点」と呼んでいます。

特に、気を配ってほしいタイミングは「入社初日」です。

新入社員は初めて会う人と環境で、これ以上ないほど緊張しています。

そこで採用担当者がひと言「職場はどうだった?」と声をかけるのです。

午前中だけでなく、午後にもできればひと言声をかけてあげましょう。それだけでも、新入社員には大きな安心になります。

もちろん、採用担当者はまとまった時間が取れない場合もあるでしょう。そのような場合には、廊下ですれ違った際に次のように声をかけてください。

「あなたが入ってきてくれて、みんなうれしいと思っているよ」

「わからないことはなんでも聞いてね」

それだけでも、新人さんの不安は軽くなります。

入社後90日間のサクセスストーリーをつくろう

新入社員は夢と希望に胸を膨らませて入社してきます。

入社後に「こんなはずじゃなかった」と悪い面でのギャップを感じてしまうと、離職への気持ちが芽生えてしまいます。


覚えてしまえば簡単な作業でも、まだ体験したことのないことであれば、誰しも必要以上に不安になってしまうものです。

特に業界未経験者であればなおさらです。


入社して間もない頃は、仕事も人間関係も見える景色も、すべてが新しい世界なので、無用な不安を増長してしまいがちです。

会社側としては、特になにも悪いことはしていないはずなのに、新入社員の不安が少しずつ募っていき、離職を決意するまでになってしまうのは避けたいです。

この心理的不安感を防ぐために、採用担当者でご準備いただきたいのが、「入社後90日間のサクセスストーリー」です。

具体的には以下のポイントに沿って、考えてみましょう。

▼本人の入社時に希望した、働き方、条件、仕事内容は90日以内に実現できるか。もし、実現できない場合でも、実現までの期間を延長することを本人が了承しているか

▼いつまでに、会社が期待する成長度合いや仕事の成熟度を実現できるか

これを基準にして、次のことを決めていきます。

▼入社1日目~3か月間（90日間）の育成スケジュールをつくる

▼小さなゴールを設定して、段階的にステップアップする

▼業務の役割に応じて、複数のメンバーに研修を担当してもらい、より多くの同僚と交

流の機会をつくる

▼定期的に進捗について採用担当者（または、配属先責任者）が面談の機会を持ち、成長度合いを確認する

新入社員はそれぞれ得意不得意があり、成長度合いは違います。研修の初期段階で苦戦する人もいれば、後半戦で苦戦する人もいます。

短い期間だけで評価せずに、3か月間の全体でまずは育成を考えていきましょう。

もちろん、業務によっては3か月では習得に至らないこともあると思います。ここでの目的は3か月間に会社の基本的な業務の流れを覚え、人間関係を構築し、4か月目以降も前向きに取り組めるように、採用担当者が伴走することです。

入社初日から3か月を目処に、会社や仕事に慣れてもらうために、採用担当者が新入社員に伴走をすることが、早期離職を防ぐことになり、結果的には定着率を上げることにつながります。ぜひ取り組んでみてください。

おわりに

最後までお読みいただき、ありがとうございます。

ここで、本書が生まれる舞台裏を少しお話ししたいと思います。

そのきっかけは2017年の夏のことでした。汗を拭ったその瞬間から汗が噴き出るような昼下がり。東京ドーム近くの、小さなオフィスビルの貸しスペースで、私は浜松商工会議所の方2人とお会いしました。

おふたりは、「関根さんの採用ブログを全部、読みました！　気になるところはすべて付箋を貼って、今日持ってきました！　関根さんの実践的な採用ノウハウが浜松の企業さんに必要です。ぜひ浜松で講演会をしてくれませんか」と、熱心に口説いてくれました。

その当時、私は講演会で話をした経験はありませんでした。

浜松に向かう新幹線の中、私は不安でいっぱいでした。しかしそれは杞憂に終わり、人生初めての講演会は80名を越える参加者を迎えて、大盛況でした。

ありがたいことに、この採用セミナーをきっかけに、その後、さまざまな場所で講演や採用セミナーに登壇させていただく機会に恵まれました。

私の講演会は、「聞いて終わりにならない、明日から実践できる採用セミナー」がポリシーです。

講演やセミナー内で、参加企業には実際に求人原稿を準備していただきます。それを次回に掲載する求人原稿として使用してもらうのです。

講演後、数日から数週間経つと毎回、「応募がきました」「採用できました」という喜びのメールをいただきます。うれしい限りです。

本書の執筆にあたり、これまでの講演会での参加企業の反応などを参考にしながら、できるだけわかりやすく、すぐにでも実践できるような内容に仕上げました。

最後になりますが、本書が生まれるにあたっては会社の仲間をはじめ多くの方々の協力を得ました。この場をお借りして、ひと言お礼を言わせてください。

私の採用ノウハウを真剣に聞いてくれて、今まさに全国各地で多大な成果を挙げ続けてくれる、一般社団法人求人広告ライター協会のメンバーたちには本当に感謝しています。いつもありがとう。


そして、なによりこの本をここまでお読みいただいた読者の皆さまには、心からの感謝を申し上げます。

本書を通じて、あなたが、まだ見ぬ誰かと出会うためのお手伝いをできたなら光栄ですし、ぜひよい出会いが生まれることを願っています。

「本のここを実践したら、こんな効果が出たよ」「とてもいい人が採用できたよ」など、うれしいご報告をお待ちしています。

2024年2月

関根コウ

読者特典

本書でご紹介した、さまざまな採用ツールは、
下記よりダウンロードできます。
皆さまの採用活動に
お役立ていただければうれしいです。

https://saiyo.or.jp/download/

※無料ダウンロードは予告なく終了する場合もございます。
ご了承ください。

求人募集《きゅうじんぼしゅう》をしても応募《おうぼ》がない・採用《さいよう》できない会社《かいしゃ》に
欲《ほ》しい人材《じんざい》が集《あつ》まる方法《ほうほう》

2024年4月18日　初版第1刷

著　者――――――関根《せきね》コウ
発行者――――――松島一樹
発行所――――――現代書林
〒162-0053　東京都新宿区原町3-61　桂ビル
TEL／代表　03(3205)8384
振替00140-7-42905
http://www.gendaishorin.co.jp/

デザイン――――――田村梓（ten-bin）
イラスト――――――ひらのんさ
図版――――――松尾容巳子
企画協力――――――潮凪洋介（HEARTLAND Inc.）
編集協力――――――掛端玲

印刷・製本　㈱シナノパブリッシングプレス
乱丁・落丁本はお取り替えいたします。

定価はカバーに
表示してあります。

ISBN978-4-7745-2004-9 C0034